A*List VOCA
중학기본

How to Use 이 책의 구성과 특징

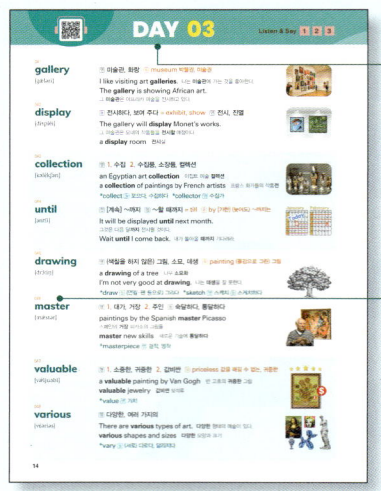

1. **새 교육과정 중학 교과서 필수 어휘를 완벽 반영한 640개의 표제어**
   DAY별로 18개의 단어와 2개의 숙어를 쉽고 빠르게 익힐 수 있는 8주 완성 학습 플랜을 제시합니다.

2. **연관성 높은 단어들을 2개씩 짝지어 외우는 주제별 구성**
   주제별로 연관된 어휘끼리 짝지어 학습하면 더 쉽고 빠르게 단어를 암기할 수 있습니다.

3. **앞서 배운 단어들로 차곡차곡 Build Up 해 나가는 실용적인 예문과 풍부한 추가 어휘**
   자연스러운 반복 학습을 통해 앞서 배운 단어들을 더 잘 활용할 수 있고, 함께 익혀두면 좋은 유의어, 반의어, 파생어 및 참고 어휘 수록으로 단어에 대한 이해와 활용의 폭을 넓힐 수 있습니다.

4. **연상 암기가 가능한 직관적인 사진과 삽화**
   목표 단어를 확실하게 각인시키는 직관적인 사진과 삽화로 즐겁게 공부할 수 있습니다.

QR코드로 바로 듣는 MP3
각 DAY별 어휘의 발음과 예문을 바로 듣고 따라 읽으며 소리로도 익힐 수 있는 QR코드 삽입

QR코드로 바로 연결되는 어휘학습앱
표지의 QR코드를 통해 어휘 학습이 가능한 앱으로 바로 연결

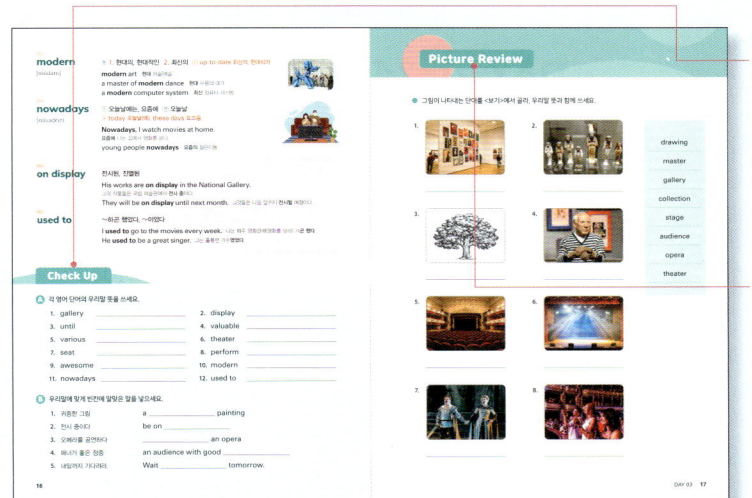

5 각 DAY별로 학습한 어휘를 완벽하게 점검할 수 있는 Check Up

오늘 배운 단어를 문제를 통해 확인하며 얼마나 외웠는지 스스로 점검할 수 있습니다.

6 효과적인 반복 학습이 가능한 Picture Review

시각효과를 통한 연상작용의 극대화와 쓰기 연습으로 배운 단어를 오래 기억할 수 있습니다.

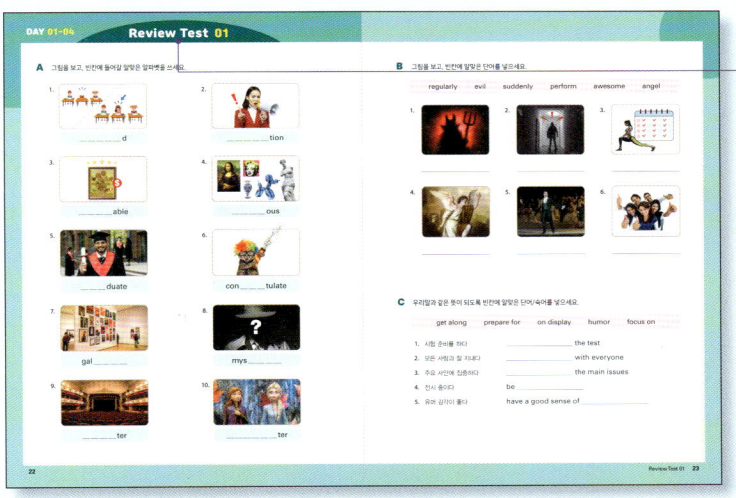

7 누적된 어휘를 반복 확인할 수 있는 Review Test

4일차를 학습한 후 뜻과 스펠링, 유의어, 반의어, 숙어 등 다양한 문제를 풀어보며 누적된 어휘를 반복 확인할 수 있습니다.

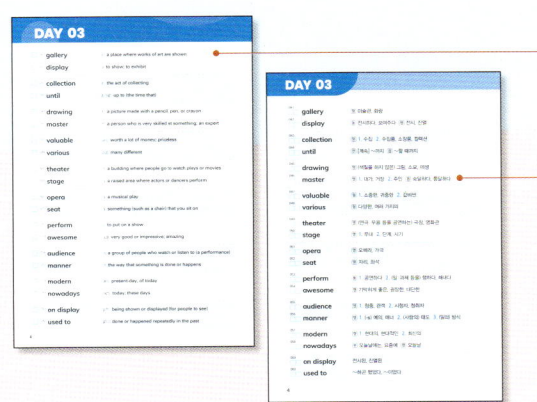

8 영영풀이 실력 Up 단어장

9 휴대하며 외우는 어휘 암기장

〈영영 단어장〉과 간편히 휴대하며 암기할 수 있는 〈어휘 암기장〉으로 단어를 더 오래 기억할 수 있습니다.

Contents 차례

학습 계획표 5

DAY 01-04 6
Review Test 01　DAY 01-04 22

DAY 05-08 26
Review Test 02　DAY 05-08 42

DAY 09-12 46
Review Test 03　DAY 09-12 62

DAY 13-16 66
Review Test 04　DAY 13-16 82

DAY 17-20 86
Review Test 05　DAY 17-20 102

DAY 21-24 106
Review Test 06　DAY 21-24 122

DAY 25-28 126
Review Test 07　DAY 25-28 142

DAY 29-32 146
Review Test 08　DAY 29-32 162

Irregular Verbs 166
불규칙 동사표

Comparatives & Superlatives 169
형용사·부사의 비교급과 최상급

ANSWER KEY 171

INDEX 189

이 책에 나오는 품사와 약어

1	명사	명 사람, 사물, 동물 등의 이름을 나타내는 말　예) friend(친구), cat(고양이)
2	대명사	대 명사를 대신하는 말　예) you(너), she(그녀), it(그것)
3	동사	동 동작이나 상태를 나타내는 말　예) go(가다), tell(말하다), like(좋아하다)
4	형용사	형 상태, 성질, 모양, 크기, 수량 등을 나타내는 말　예) red(빨간), easy(쉬운)
5	부사	부 동사, 형용사, 부사 등을 꾸며주는 말　예) slowly(천천히), here(여기에)
6	전치사	전 명사, 대명사 앞에서 다른 단어와의 관계를 나타내는 말　예) on(~ 위에), in(~ 안에)
7	접속사	접 단어와 단어, 문장과 문장을 이어주는 말　예) and(그리고), but(그러나), or(또는)

*유의어　유 비슷한 의미를 갖는 말　　*(영) 영국 영어
*반의어　반 반대의 의미를 갖는 말　　*(미) 미국 영어

Study Planner 학습 계획표

 **하루에 1 DAY씩 8주 완성**
각 DAY별로 학습한 날짜를 써 나가며 단어 실력을 키워 봅시다.

Week 1	DAY 01	DAY 02	DAY 03	DAY 04	Review Test 01
1차 학습일					
2차 학습일					

Week 2	DAY 05	DAY 06	DAY 07	DAY 08	Review Test 02
1차 학습일					
2차 학습일					

Week 3	DAY 09	DAY 10	DAY 11	DAY 12	Review Test 03
1차 학습일					
2차 학습일					

Week 4	DAY 13	DAY 14	DAY 15	DAY 16	Review Test 04
1차 학습일					
2차 학습일					

Week 5	DAY 17	DAY 18	DAY 19	DAY 20	Review Test 05
1차 학습일					
2차 학습일					

Week 6	DAY 21	DAY 22	DAY 23	DAY 24	Review Test 06
1차 학습일					
2차 학습일					

Week 7	DAY 25	DAY 26	DAY 27	DAY 28	Review Test 07
1차 학습일					
2차 학습일					

Week 8	DAY 29	DAY 30	DAY 31	DAY 32	Review Test 08
1차 학습일					
2차 학습일					

DAY 01

Listen & Say 1 2 3

001
ready
[rédi]

형 준비가 된

Are you **ready** for school? 학교 갈 준비가 다 됐니?
I'm **ready** to work hard. 나는 열심히 일할[공부할] 준비가 되어 있다.

002
prepare
[pripéər]

동 1. 준비하다, 대비하다 2. (음식을) 준비하다

prepare to go back to school (개학을 맞아) 학교에 돌아갈 **준비를** 하다
prepare a meal 식사를 준비하다
*prepared 형 준비가 된 *preparation 명 준비, 대비

003
tip
[tip]

명 1. 정보, 조언 2. 팁, 봉사료 3. (뾰족한) 끝부분

tips for parents and kids 부모들과 아이들을 위한 정보
leave a **tip** for the waiter 웨이터를 위해 **팁**을 남기다
the **tip** of a knife 칼끝

004
advice
[ædváis]

명 조언, 충고

ask for **advice** 조언을 구하다
She gave me some **advice**. 그녀는 내게 몇 가지 **충고**를 해 줬다.
*advise 동 조언하다, 충고하다

005
uniform
[jú:nəfɔ̀:rm]

명 제복, 교복, 유니폼

wear a school **uniform** 교복을 입다

006
supply
[səplái]

명 1. 공급 2. (-s) 보급품, 준비물 동 공급하다

shop for school **supplies** 학용품[학교 준비물]을 사다
We **supply** books to the library. 우리는 도서관에 책을 **공급**한다.

007
important
[impɔ́:rtənt]

형 중요한

the most **important** thing 가장 **중요한** 일
It is very **important** to me. 그것은 내게 아주 **중요하다**.
*importance 명 중요성

008
meeting
[mí:tiŋ]

명 회의

We have a **meeting** at 3 p.m. 우리는 오후 3시에 **회의**가 있다.
a very important **meeting** 아주 중요한 회의

학습일: 월   일

009
document
[dákjumənt]

명 1. 서류, 문서 2. (컴퓨터) 문서(파일)

some important **documents** 몇몇 중요한 서류들
*documentary 명 다큐멘터리, 기록물

010
paper
[péipər]

명 1. 종이 2. (-s) 서류, 문서 3. 신문 = newspaper 4. 과제물, 리포트

a piece of **paper** 종이 한 장
May I see your **papers**, please? 당신의 서류들을 볼 수 있을까요?
write a **paper** on ocean life 해양 생물에 관한 리포트를 쓰다

011
official
[əfíʃəl]

형 1. 공무상의 2. 공식적인   명 (고위) 공무원, 관리

an **official** document 공문서
White House **officials** 백악관 관리들[관계자들]
*officially 부 공식적으로

012
sign
[sain]

동 서명하다   명 1. 표지판 2. 몸짓, 신호 3. 징조

sign a document 서류에 서명하다
Wait until I give the **sign**. 내가 신호를 줄 때까지 기다려.
That's a good **sign**. 그것은 좋은 징조이다.
*signature 명 서명

013
file
[fail]

명 파일, 서류철   동 (정리하여) 보관하다, 철하다

Save the **file** before closing it. 그것을 닫기 전에 파일을 저장하라.
Could you **file** these papers for me? 이 서류들 좀 철해 주시겠어요?

014
copy
[kápi]

명 1. 복사(본), 베끼기 2. (책 등의) 한 부   동 복사하다, 베끼다

I'll send you a **copy** of the file. 그 파일 사본을 보내 드리겠습니다.
a **copy** of The Times 〈더 타임스〉 한 부
They **copied** his design. 그들은 그의 디자인을 베꼈다.

015
title
[taitl]

명 제목, 표제   동 제목을 붙이다

the **title** of a book 책 제목
He **titled** his book The Happy Prince.
그는 그의 책 제목을 〈행복한 왕자〉라고 붙였다.

016
label
[léibəl]

명 라벨, 상표   동 라벨을 붙이다

put a **label** on the file 파일에 라벨을 붙이다
The file was **labeled** "top secret."
그 파일은 '일급비밀'이라는 라벨이 붙여졌다.

DAY 01

017
print
[print]

⑧ 1. 인쇄하다, 프린트를 하다 2. 출판하다, 발행하다 = publish

Can you **print** it for me? 그것 좀 **프린트**해 줄 수 있나요?
They **printed** 50,000 copies of the book.
그들은 그 책을 5만 부 **찍었다**.

018
mark
[mɑːrk]

⑧ 표시하다 ⑨ 자국, 흔적

mark the date on the calendar 그 날짜를 달력에 **표시하다**
There were dirty **marks** on the wall. 벽에 더러운 **자국**이 있었다.

019
prepare for
[to]

~을 준비하다, ~할 준비를 하다

We're **preparing for** the test. 우리는 시험 준비를 하고 있다.
Let's **prepare to** go back to school. 학교에 돌아갈(신학기) 준비를 하자.

020
get ready for
[to]

~에 대한 준비를 하다, ~할 준비를 하다

We're **getting ready for** school. 우리는 학교 갈 준비를 하고 있다.
Let's **get ready to** go back to school. 신학기 준비를 하자.

Check Up

A 각 영어 단어의 우리말 뜻을 쓰세요.

1. ready _____ 2. prepare _____
3. advice _____ 4. supply _____
5. important _____ 6. meeting _____
7. document _____ 8. paper _____
9. official _____ 10. copy _____
11. print _____ 12. get ready for[to] _____

B 우리말에 맞게 빈칸에 알맞은 말을 넣으세요.

1. 신학기 준비를 하다   _____ to go back to school
2. 조언을 구하다   ask for _____
3. 공문서   an _____ document
4. 서류에 서명하다   _____ a document
5. 나는 학교 갈 준비가 되었다. I'm _____ for school.

Picture Review

● 그림이 나타내는 단어를 <보기>에서 골라, 우리말 뜻과 함께 쓰세요.

1.

2.

3.

4.

5.

6.

7.

8.

uniform
meeting
prepare
document
title
sign
mark
label

DAY 01

DAY 02

Listen & Say 1 2 3

021
greet
[griːt]

동 (~에게) 인사하다, 맞이하다

They **greeted** each other. 그들은 서로 **인사했다**.
The teacher **greeted** them with a smile.
선생님은 그들을 미소로 **맞이했다**.

022
bow
[bau]

동 (허리를 굽혀) 절하다, 인사하다   명 (고개 숙여 하는) 인사

The children **bowed** to the teacher. 아이들은 선생님에게 **인사했다**.
take a **bow** (고개를 숙여) 인사하다

023
name
[neim]

명 이름   동 이름을 지어주다

first **name** (성이 아닌) 이름 (= given name)
last **name** 성 (= family name)
He was **named** after his father.
그는 그의 아버지의 이름을 따서 **이름이 지어졌다**.

024
nickname
[níknèim]

명 별명, 애칭   동 별명을 붙이다

Do you have any **nicknames**? 혹시 너는 **별명**이 있니?
We **nicknamed** her "the Ice Queen."
우리는 그녀에게 '얼음 여왕'이라는 **별명을 붙였다**.

025
tease
[tiːz]

동 1. (가볍게) 놀리다   2. (동물을) 괴롭히다

Don't **tease** your brother. 네 오빠를 **놀리지** 마라.
Stop **teasing** the dog! 그 개를 그만 **괴롭혀라**!

026
notice
[nóutis]

동 알아차리다   명 1. 주의, 주목   2. 공고문   3. 통지, 예고

I **noticed** she was crying. 나는 그녀가 울고 있음을 **알아차렸다**.
There was a **notice** on the board. 게시판에 **공고문**이 있었다.
without **notice** 예고 없이

027
matter
[mǽtər]

명 (문제 삼을) 일, 사안   동 중요하다, 문제가 되다

What's the **matter**? Why are you crying? 무슨 **일**이니? 너 왜 울어?
It doesn't **matter**. 상관없어. / 괜찮아. / 별거 아니야.

028
view
[vjuː]

명 1. 견해, 의견, 관점 유 opinion 의견, 견해   2. 경치, 전망

What's your **view** on this matter?
이 문제에 대한 너의 **견해**는 무엇이니?
a room with an ocean **view** 바다 **전망**의 방

학습일: 월   일

029
attend [əténd]

⑧ 1. 참석하다 2. (~에) 다니다

attend a meeting   회의에 **참석하다**
We **attend** the same school.   우리는 같은 학교에 **다닌다**.

030
absent [æbsənt]

⑨ 1. 결석한, 결근한 ⊕ present 참석한 2. 없는, 부재의

He was **absent** from school today.   그는 오늘 학교에 **결석했다**.
His name was **absent** from the list.   그의 이름은 명단에 **없었다**.
*absence ⑨ 결석, 불참

031
attention [əténʃən]

⑩ 1. 주목, 주의 2. 관심, 흥미

May I have your **attention**, please?   여러분 **주목**해 주시겠습니까?
Kids need a lot of care and **attention**.
아이들은 많은 보살핌과 **관심**이 필요하다.

032
focus [fóukəs]

⑩ 초점, 주목 ⑧ 집중하다; 집중시키다

What is the **focus** of your report?   네 보고서의 **초점**은 무엇이니?
I **focused** on two main issues.   나는 두 주요 사안에 **집중했다**.

033
repeat [ripíːt]

⑧ 반복하다, 되풀이하다 ⑨ 반복

Listen and **repeat** after me.   잘 듣고 **따라 말하세요**.
Repeat the exercises twice a day.   그 운동을 하루에 두 번씩 **반복하세요**.
*repeatedly ⑭ 반복해서, 자꾸

034
review [rivjúː]

⑧ 1. 복습하다 2. 재검토하다 ⑨ 1. 평론, 비평 2. 복습
⊕ preview 미리 보기, 예습

Let's **review** the last lesson.   지난 과를 **복습합시다**.
read a book **review**   서평을 읽다

035
final [fáinl]

⑨ 마지막의, 최종적인 ⊕ last 마지막의 ⑩ 1. 결승전 2. 기말 시험

the **final** round   (경기의) 최종회
prepare for their **final** exams   그들의 **기말 시험**을 준비하다
I got an A on my English **final**.   나는 영어 **기말 시험**에서 A를 받았다.
*finally ⑭ 마침내, 마지막으로

036
period [píːəriəd]

⑨ 1. 기간, 시기 2. (역사의) 시대

during the final exam **period**   기말 시험 **기간** 동안
the Roman **period**   로마 **시대**

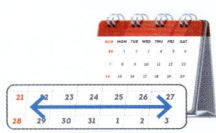

DAY 02

037
graduate
[grǽdʒuèit]

동 졸업하다 명 [grǽdʒuət] 졸업생

He **graduated** from Harvard University.
그는 하버드 대학교를 졸업했다.

a **graduate** of Yale   예일대 졸업생

*****graduation** 명 졸업

038
congratulate
[kəngrǽtʃulèit]

동 (좋은 일이 생긴 사람을) 축하하다, 기뻐하다

I would like to **congratulate** you all.
여러분 모두를 축하해 주고 싶습니다.

*****congratulation** 명 축하 (인사)

039
get along (with)

(~와) 잘 지내다, 사이좋게 지내다

He **gets along with** everyone.   그는 모든 사람과 잘 지낸다.
I **got along** very well **with** my classmates.   나는 급우들과 아주 사이좋게 지냈다.

040
make fun of

~을 놀리다 = tease

Stop **making fun of** me.   (나를) 그만 놀려.
Never **make fun of** other people's looks.   다른 사람들의 외모를 놀리지 마라.

Check Up

A 각 영어 단어의 우리말 뜻을 쓰세요.

1. greet _____
2. nickname _____
3. tease _____
4. notice _____
5. matter _____
6. view _____
7. attend _____
8. attention _____
9. repeat _____
10. period _____
11. graduate _____
12. make fun of _____

B 우리말에 맞게 빈칸에 알맞은 말을 넣으세요.

1. 학교에 결석하다   be _____ from school
2. 주요 사안에 집중하다   _____ on the main issues
3. 지난 과를 복습하다   _____ the last lesson
4. 내 친구들과 잘 지내다 _____ with my friends
5. (나를) 그만 놀려.   Stop _____ me.

Picture Review

● 그림이 나타내는 단어를 <보기>에서 골라, 우리말 뜻과 함께 쓰세요.

1.

2.

| attend |
| nickname |
| repeat |
| bow |
| absent |
| graduate |
| congratulate |
| final |

3.

4.

5.

6.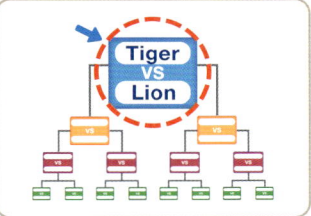

7.

8.

DAY 03  Listen & Say 1 2 3

041
gallery [gǽləri]
명 미술관, 화랑 유 museum 박물관, 미술관
I like visiting art **galleries**. 나는 **미술관**에 가는 것을 좋아한다.
The **gallery** is showing African art.
그 **미술관**은 아프리카 미술을 전시하고 있다.

042
display [displéi]
동 전시하다, 보여주다 = exhibit, show 명 전시, 진열
The gallery will **display** Monet's works.
그 미술관은 모네의 작품들을 **전시할** 예정이다.
a **display** room   전시실

043
collection [kəlékʃən]
명 1. 수집 2. 수집품, 소장품, 컬렉션
an Egyptian art **collection**   이집트 미술 컬렉션
a **collection** of paintings by French artists   프랑스 화가들의 작품전
*collect 동 모으다, 수집하다 *collector 명 수집가

044
until [əntíl]
전 [계속] ~까지 접 ~할 때까지 = till 유 by [기한] (늦어도) ~까지는
It will be displayed **until** next month.
그것은 다음 달**까지** 전시될 것이다.
Wait **until** I come back.   내가 돌아올 **때까지** 기다려라.

045
drawing [drɔ́:iŋ]
명 (색칠을 하지 않은) 그림, 소묘, 데생 유 painting (물감으로 그린) 그림
a **drawing** of a tree   나무 소묘화
I'm not very good at **drawing**.   나는 데생을 잘 못한다.
*draw 동 (연필·펜 등으로) 그리다 *sketch 명 스케치 동 스케치하다

046
master [mǽstər]
명 1. 대가, 거장 2. 주인 동 숙달하다, 통달하다
paintings by the Spanish **master** Picasso
스페인의 **거장** 피카소의 그림들
master new skills   새로운 기술에 **통달하다**
*masterpiece 명 걸작, 명작

047
valuable [vǽljuəbl]
형 1. 소중한, 귀중한 2. 값비싼 유 priceless 값을 매길 수 없는, 귀중한
a **valuable** painting by Van Gogh   반 고흐의 **귀중한** 그림
valuable jewelry   값비싼 보석류
*value 명 가치

048
various [véəriəs]
형 다양한, 여러 가지의
There are **various** types of art.   **다양한** 형태의 예술이 있다.
various shapes and sizes   여러 가지 모양과 크기
*vary 동 (서로) 다르다, 달라지다

049
theater
[θíːətər]

몡 (연극·무용 등을 공연하는) 극장, 영화관 유 cinema (영) 영화관
Broadway **theaters** 브로드웨이 극장들
a movie **theater** 영화관
go to the **theater** to watch a play 연극을 보러 극장에 가다

050
stage
[steidʒ]

몡 1. 무대 2. 단계, 시기 유 step 단계
She is singing on the **stage**. 그녀는 무대 위에서 노래하고 있다.
What's the next **stage**? 다음 단계는 무엇인가요?

051
opera
[ápərə]

몡 오페라, 가극
Puccini's **operas** 푸치니의 오페라들
He likes going to the **opera**. 그는 오페라 보러 가는 걸 좋아한다.

052
seat
[siːt]

몡 자리, 좌석
Please take a **seat**. 자리에 앉아 주세요.
There were no **seats** left for the show. 그 공연에 남은 좌석이 없었다.

053
perform
[pərfɔ́ːrm]

동 1. 공연하다 2. (일·과제 등을) 행하다, 해내다
perform an opera 오페라를 공연하다
He **performs** an important role at the opera.
그는 그 오페라에서 중요한 역할을 한다.

*performance 몡 공연, 연주   *performer 몡 연기자, 연주자

054
awesome
[ɔ́ːsəm]

형 기막히게 좋은, 굉장한, 대단한 유 amazing 놀라운, 굉장한
Their performance was **awesome**. 그들의 공연은 기가 막히게 좋았다.
an **awesome** sight 굉장한 광경

055
audience
[ɔ́ːdiəns]

몡 1. 청중, 관객 2. 시청자, 청취자 유 viewer 시청자
a large **audience** 많은 청중
The **audience** was clapping for 10 minutes.
관객들은 10분 동안 계속 박수를 쳤다.
a television **audience** TV 시청자

*audition 몡 오디션 동 오디션을 보다

056
manner
[mǽnər]

몡 1. (-s) 예의, 매너 유 etiquette 에티켓 2. (사람의) 태도 3. (일의) 방식
an audience with good **manners** 매너가 좋은 청중
learn table **manners** 식사 예절을 익히다
He answered in a kind **manner**. 그는 친절하게(친절한 태도로) 답했다.

057
modern [mádərn]

형 1. 현대의, 현대적인 2. 최신의   유 up-to-date 최신의, 현대식의

modern art   현대 미술[예술]
a master of **modern** dance   현대 무용의 대가
a **modern** computer system   최신 컴퓨터 시스템

058
nowadays [náuədèiz]

부 오늘날에는, 요즘에   명 오늘날
유 today 오늘날(에), these days 요즈음

Nowadays, I watch movies at home.
요즘에 나는 집에서 영화를 본다.
young people **nowadays**   요즘의 젊은이들

059
on display

전시된, 진열된

His works are **on display** in the National Gallery.
그의 작품들은 국립 미술관에서 전시 중이다.
They will be **on display** until next month.   그것들은 다음 달까지 전시될 예정이다.

060
used to

~하곤 했었다, ~이었다

I **used to** go to the movies every week.   나는 매주 영화관에(영화를 보러) 가곤 했다.
He **used to** be a great singer.   그는 훌륭한 가수였었다.

Check Up

A 각 영어 단어의 우리말 뜻을 쓰세요.

1. gallery _____   2. display _____
3. until _____   4. valuable _____
5. various _____   6. theater _____
7. seat _____   8. perform _____
9. awesome _____   10. modern _____
11. nowadays _____   12. used to _____

B 우리말에 맞게 빈칸에 알맞은 말을 넣으세요.

1. 귀중한 그림   a _____ painting
2. 전시 중이다   be on _____
3. 오페라를 공연하다   _____ an opera
4. 매너가 좋은 청중   an audience with good _____
5. 내일까지 기다려라.   Wait _____ tomorrow.

Picture Review

● 그림이 나타내는 단어를 <보기>에서 골라, 우리말 뜻과 함께 쓰세요.

<보기>
drawing
master
gallery
collection
stage
audience
opera
theater

1.

2.

3.

4.

5.

6.

7.

8.

DAY 03

DAY 04

Listen & Say 1 2 3

061 comic [kámik]
- 형 1. 웃기는 2. 코미디의, 희극의 반 tragic 비극의 명 만화(책)
- He is a **comic** actor. 그는 희극 배우이다.
- **comic** books 만화책들 (= comics)
- *comedy 명 희극, 코미디

062 character [kǽriktər]
- 명 1. (연극·영화 등의) 등장인물 2. 성격, 성질, 특성
- 유 personality 성격, 개성
- the main **character** in the play 그 연극의 주요 등장인물(주인공)
- Disney's cartoon **characters** 디즈니 만화 캐릭터들
- They have very different **characters**. 그들은 아주 다른 성격을 가지고 있다.

063 evil [íːvəl]
- 형 사악한, 악마의 유 wicked 사악한 명 악 유 devil 악마
- play an **evil** character 사악한 캐릭터를 연기하다
- good and **evil** 선과 악

064 angel [éindʒəl]
- 명 천사, 천사 같은 사람
- the **angel** Gabriel 가브리엘 천사
- She looks like a little **angel**. 그녀는 작은 천사처럼 보인다.

065 joke [dʒouk]
- 명 농담, 익살 동 농담하다
- tell a **joke** 농담을 하다
- an April Fool's **joke** 만우절 농담(장난)
- Calm down. I was only **joking**. 진정해. 그냥 농담한 거야.

066 humor [hjúːmər]
- 명 유머, 익살
- He has a good sense of **humor**. 그는 유머 감각이 좋다.
- *humorous 형 재미있는, 유머러스한

067 appear [əpíər]
- 동 1. 나타나다 2. 출연하다 3. ~인 것 같다
- Just then, a girl **appeared** on the stage. 바로 그때 한 소녀가 무대에 나타났다.
- Jack **appears** in the movie. 잭은 그 영화에 출연한다.
- He **appears** to be happy. 그는 행복해 보인다.

068 disappear [dìsəpíər]
- 동 1. (시야에서) 사라지다 2. (존재가) 없어지다
- She **disappeared** into the house. 그녀는 집 안으로 사라졌다.
- Our forests are **disappearing** every year. 우리의 숲이 해마다 사라지고 있다.

069
suddenly
[sʌ́dnli]

부 갑자기

A man **suddenly** appeared. 한 남자가 **갑자기** 나타났다.

*sudden 형 갑작스러운

070
regularly
[régjulərli]

부 규칙적으로, 정기적으로

go to the gym **regularly** 규칙적으로 헬스장에 가다
They met **regularly** once a week.
그들은 일주일에 한 번씩 **정기적으로** 만났다.

*regular 형 규칙적인

071
cinema
[sínəmə]

명 1. (영) 영화관 = movie theater   2. 영화 = movie, film

the local **cinema** 지역 영화관
I love going to the **cinema**. 나는 영화 보러 가는 것을 아주 좋아한다.

072
scene
[siːn]

명 1. (연극·영화 등의) 장면 2. (어떤) 상황, 광경 3. (사건의) 현장

a wedding **scene** 결혼식 장면
He painted a street **scene**. 그는 어느 거리 풍경을 그렸다.
the **scene** of the accident 사고 현장

*scenery 명 경치, 풍경

073
familiar
[fəmíljər]

형 익숙한, 낯익은, 친숙한 반 strange 낯선

The street was **familiar** to me. 그 거리는 내게 익숙했다[낯이 익었다].
His voice sounded **familiar**. 그의 목소리가 어딘가 친숙했다.

074
well-known
[wélnoun]

형 잘 알려진, 유명한 = famous

He is a **well-known** writer. 그는 잘 알려진 작가이다.

075
poem
[póuəm]

명 시, 운문

write a **poem** 시를 쓰다
Have you ever written a **poem**? 너는 시를 써 본 적이 있니?

*novel 명 소설 *essay 명 (짧은) 글, 수필; 리포트, 과제물

076
poet
[póuit]

명 시인

one of the most famous **poets** 가장 유명한 **시인들** 중의 한 명
Have you seen the movie *Dead* **Poets** *Society*?
너는 〈죽은 **시인**의 사회〉라는 영화 봤니?

077
fantasy
[fǽntəsi]

명 1. 공상, 환상 2. (소설·영화 등) 공상적인 작품
live in a **fantasy** world 상상의 세계에 살다
a **fantasy** novel 공상[판타지] 소설
*fantastic 형 환상적인

078
mystery
[místəri]

명 수수께끼, 불가사의, 미스터리
I enjoy **mystery** movies. 나는 미스터리 영화를 즐긴다.
the **mystery** of the Great Pyramid of Giza
기자의 대피라미드의 미스터리
*mysterious 형 기이한, 불가사의한

079
be familiar with

~에 익숙하다, ~을 잘 알다
I'm **familiar with** this place. 나는 이곳에 익숙하다.
He **is** not **familiar with** using chopsticks. 그는 젓가락질에 익숙하지 않다.

080
in fact

사실, 사실은, 실제는 = actually
In fact, I lived here 5 years ago. 사실 나는 5년 전에 여기에 살았다.
It looks easy, but **in fact**, it's very difficult. 그것은 쉬워 보이지만 실은 아주 어렵다.

Check Up

A 각 영어 단어의 우리말 뜻을 쓰세요.

1. comic _____   2. character _____
3. evil _____   4. appear _____
5. suddenly _____   6. regularly _____
7. cinema _____   8. familiar _____
9. poem _____   10. fantasy _____
11. mystery _____   12. in fact _____

B 우리말에 맞게 빈칸에 알맞은 말을 넣으세요.

1. 사악한 캐릭터를 연기하다   play an evil _____
2. 농담을 하다   tell a _____
3. 유머 감각이 좋다   have a good sense of _____
4. 결혼식 장면   a wedding _____
5. 나는 이곳에 익숙하다.   I'm _____ this place.

Picture Review

● 그림이 나타내는 단어를 <보기>에서 골라, 우리말 뜻과 함께 쓰세요.

1.

2.

3.

4.

| disappear |
| appear |
| evil |
| angel |
| mystery |
| poem |
| regularly |
| well-known |

5.

6.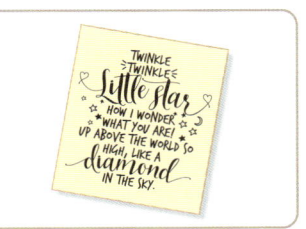

7.

8.

DAY 01-04 Review Test 01

A 그림을 보고, 빈칸에 들어갈 알맞은 알파벳을 쓰세요.

1.
_____d

2.
_____tion

3.
_____able

4.
_____ous

5.
_____duate

6.
con_____tulate

7.
gal_____

8.
mys_____

9.
_____ter

10.
_____ter

B 그림을 보고, 빈칸에 알맞은 단어를 넣으세요.

regularly   evil   suddenly   perform   awesome   angel

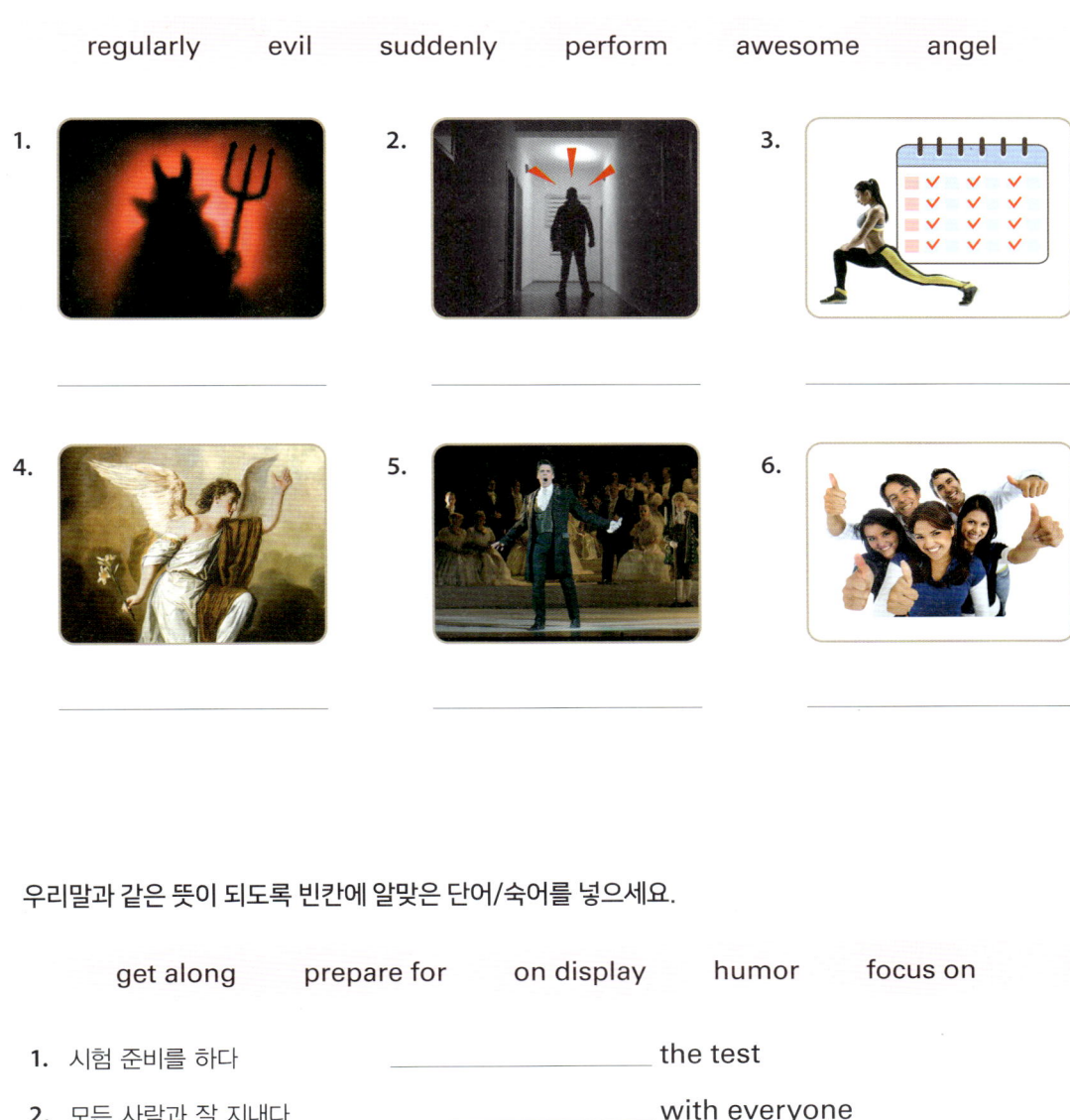

1. evil
2. suddenly
3. regularly
4. angel
5. perform
6. awesome

C 우리말과 같은 뜻이 되도록 빈칸에 알맞은 단어/숙어를 넣으세요.

get along   prepare for   on display   humor   focus on

1. 시험 준비를 하다 — _____ the test
2. 모든 사람과 잘 지내다 — _____ with everyone
3. 주요 사안에 집중하다 — _____ the main issues
4. 전시 중이다 — be _____
5. 유머 감각이 좋다 — have a good sense of _____

D 주어진 단어와 반대의 뜻을 가진 단어를 <보기>에서 골라 쓰세요.

| attend | review | familiar | disappear |

1. absent _____
2. appear _____
3. strange _____
4. preview _____

E 주어진 단어와 비슷한 뜻을 가진 단어를 <보기>에서 골라 쓰세요.

| display | tease | well-known | movie theater |

1. cinema _____
2. make fun of _____
3. famous _____
4. show _____

F 우리말 뜻에 알맞은 단어/숙어를 <보기>에서 골라 문장을 완성하세요.

| appears | graduated from | familiar with | noticed |

1. 나는 그녀가 화가 난 것을 알아차렸다.

   I _____ she was upset.

2. 그는 하버드 대학교를 졸업했다.

   He _____ Harvard University.

3. 나는 이곳에 익숙하다.

   I'm _____ this place.

4. 그는 행복해 보인다.

   He _____ to be happy.

G 읽을 수 있는 단어에 체크한 후, 우리말 뜻을 빈칸에 써 보세요.

- ☐ ready _____
- ☐ prepare _____
- ☐ advice _____
- ☐ supply _____
- ☐ important _____
- ☐ document _____
- ☐ official _____
- ☐ sign _____
- ☐ copy _____
- ☐ mark _____
- ☐ greet _____
- ☐ tease _____
- ☐ matter _____
- ☐ view _____
- ☐ attend _____
- ☐ absent _____
- ☐ attention _____
- ☐ focus _____
- ☐ repeat _____
- ☐ graduate _____

- ☐ gallery _____
- ☐ display _____
- ☐ until _____
- ☐ valuable _____
- ☐ various _____
- ☐ theater _____
- ☐ stage _____
- ☐ perform _____
- ☐ audience _____
- ☐ modern _____
- ☐ comic _____
- ☐ character _____
- ☐ evil _____
- ☐ joke _____
- ☐ appear _____
- ☐ suddenly _____
- ☐ regularly _____
- ☐ familiar _____
- ☐ well-known _____
- ☐ fantasy _____

 # DAY 05   Listen & Say 1 2 3

081
connect
[kənékt]

동 1. 연결하다, 잇다 2. 접속하다

First, **connect** the printer to the computer.
먼저 프린터를 컴퓨터에 연결해라.
Then, **connect** to the Internet. 그런 다음 인터넷에 접속해라.

*connected 형 연결된 *connection 명 연결

082
link
[liŋk]

동 연결하다, 접속하다 명 관련(성), 연결

The camera is **linked** to a computer. 그 카메라는 컴퓨터에 연결되어 있다.
There is a **link** between stress and eating.
스트레스와 먹는 것 사이에는 연관성이 있다.

*linked 형 연결된

083
wire
[waiər]

명 1. 철사 2. (전화기 등의) 선, 전선

Don't cut the red **wire**. 빨간 선은 자르지 마라.
a telephone **wire** 전화선
how to get Internet without a **wire** 무선으로 인터넷 접속하는 법

084
wireless
[wáiərlis]

형 무선의 명 무선 (시스템)

wireless earphones 무선 이어폰
a **wireless** Internet connection 무선 인터넷 접속

085
click
[klik]

동 1. 딸깍 소리를 내다 2. 클릭하다, 누르다

Click on this link to visit our website.
우리 웹사이트를 방문하려면 이 링크를 누르세요.

086
press
[pres]

동 누르다 유 push 밀다, 누르다 명 (the -) 신문, 언론

Press the button to start. 시작하려면 버튼을 누르세요.
The story was reported in the **press**. 그 이야기는 신문[언론]에 보도되었다.

087
mouse
[maus]

명 1. 마우스 2. 쥐 *복수형 mice

use a wireless **mouse** 무선 마우스를 사용하다
Click the **mouse** twice to open a file.
파일을 열려면 마우스를 두 번 클릭하세요.

088
system
[sístəm]

명 1. 체계, 시스템 2. 제도, 체제

use a modern computer **system** 최신 컴퓨터 시스템을 사용하다
introduce a new **system** 새 제도를 도입하다

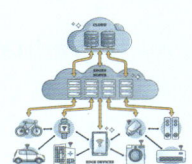

학습일: 월 일

089
account
[əkáunt]

명 1. (컴퓨터) 계정 2. (은행) 계좌

an email **account** 이메일 계정
open a bank **account** 은행 계좌를 개설하다

090
create
[kriéit]

동 창작하다, 만들다, 창조하다 유 make 만들다

create a new style of art 새로운 미술 양식을 만들어 내다
create a new account 새 계정을 만들다
The Bible says that God **created** the world.
성서는 신이 세상을 **창조했다**고 말한다.

*creative 형 창의적인, 창조적인   *creator 명 창작자, 창조자

091
log
[lɔ(:)g]

명 1. (항해 등의) 일지 2. [컴퓨터] 로그, 경과 기록
동 일지에 기록하다 = record

keep a **log** (항해) 일지를 쓰다
What do I need to **log** in? 로그인을 하려면 무엇이 필요한가요?
You need a password to **log** on. 로그인을 하려면 비밀번호가 필요하다.

*log in[on] 동 로그인하다   *log out 동 로그아웃하다

092
enter
[éntər]

동 1. 들어가다 2. 적어 넣다, 기입하다 유 type 타자 치다, 입력하다

Please **enter** your user name. 사용자명을 입력하세요.
Enter your ID and password. ID와 비밀번호를 입력하시오.

093
work
[wə:rk]

동 1. (기계 등이) 작동하다 2. 효과가 있다 3. 일하다

The new system isn't **working**. 새 시스템이 작동되지 않고 있다.
His plan **worked** well. 그의 계획은 아주 성공적이었다[효과가 있었다].

094
still
[stil]

부 아직도, 여전히

The heating system **still** doesn't work.
그 난방 시스템은 **아직도** 작동이 안 된다.
I'm **still** hungry. 나는 여전히 배가 고프다.

095
contact
[kántækt]

명 연락, 접촉 동 연락하다

Here's my **contact** number. 여기 제 연락처입니다.
You can **contact** us by email. 이메일로 저희랑 연락할 수 있습니다.

096
keep
[ki:p]

동 1. 유지하다, ~을 계속하다 2. 간직하다, 보관하다 (kept-kept)

Let's **keep** in touch. 우리 계속 연락하자.
Keep smiling! 계속 웃어!
I have **kept** all her letters. 나는 그녀의 편지를 모두 간직해 왔다.

DAY 05

097
reply [ripái]

⑧ 대답하다, 답장을 보내다 ⑨ 대답, 응답

They **replied** to my question. 그들은 내 질문에 답장을 보냈다.
He's still waiting for a **reply**. 그는 여전히 답장을 기다리고 있다.

098
respond [rispánd]

⑧ 1. 대답하다, 응답하다 2. 반응하다, 대응하다

She didn't **respond** to my email. 그녀는 내 이메일에 답하지 않았다.
How did he **respond** to the news? 그 뉴스에 그는 어떻게 반응했니?
*response ⑨ 대답, 반응

099
keep in touch (with)

(~와) 계속 연락하다, 연락하고 지내다

Do you still **keep in touch with** her? 너는 아직도 그녀와 연락하니?
We still **keep in touch with** each other. 우리는 아직도 서로 연락하고 지낸다.

100
lose contact (with)

(~와) 연락이 끊어지다 = lose touch (with)

I **lost contact with** Tina. 나는 티나와 연락이 끊겼다.
I **lost contact with** all my old friends. 나는 옛 친구들과 모두 연락이 끊어졌다.

Check Up

A 각 영어 단어의 우리말 뜻을 쓰세요.

1. connect _____
2. link _____
3. wireless _____
4. press _____
5. system _____
6. create _____
7. work _____
8. still _____
9. contact _____
10. reply _____
11. respond _____
12. lose contact (with) _____

B 우리말에 맞게 빈칸에 알맞은 말을 넣으세요.

1. 무선 마우스를 사용하다   use a _____ mouse
2. 은행 계좌를 개설하다   open a bank _____
3. ~와 계속 연락하다   _____ in touch with
4. ~와 연락이 끊어지다   _____ contact with
5. ID와 비밀번호를 입력하세요.   _____ your ID and password.

Picture Review

● 그림이 나타내는 단어를 <보기>에서 골라, 우리말 뜻과 함께 쓰세요.

1.

2.

3.

4.

5.

6.

7.

8.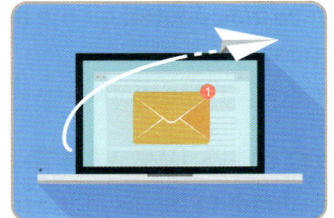

| mouse |
| account |
| connect |
| wire |
| contact |
| reply |
| create |
| enter |

DAY 06

Listen & Say 1 2 3

101
machine
[məʃí:n]

명 기계, 기계 장치

use a copy **machine** 복사기를 사용하다
I'm not very good with **machines**. 나는 기계를 잘 못 다룬다.

102
tool
[tu:l]

명 1. 도구, 연장 유 device 장치, 기구 2. 수단, 방편

use a **tool** like a hammer 망치 같은 도구를 사용하다
That's just a marketing **tool**. 그것은 그저 마케팅 수단일 뿐이다.
*toolbar 명 (컴퓨터) 툴바, 도구 모음

103
monitor
[mánətər]

명 (TV·컴퓨터의) 화면, 모니터 동 추적 관찰하다, 모니터하다

a computer **monitor** 컴퓨터 모니터
The machine **monitors** your heart rate.
그 기계는 너의 심박수를 모니터한다.

104
screen
[skri:n]

명 1. (TV·컴퓨터·영화의) 화면, 스크린 2. (the -) 영화(계)

a monitor with a 21-inch **screen** 21인치 화면의 모니터
She was a star of the **screen**. 그녀는 영화계의 스타였다.

105
disk
[disk]

명 1. (동글납작한) 원반 2. CD 3. (컴퓨터의) 디스크 = disc

the shape of a **disk** 원반 모양
How do hard **disk** drives work? 하드 디스크 드라이브는 어떻게 작동될까?

106
store
[stɔ:r]

동 저장하다, 보관하다 유 save 모으다, 저장하다 명 가게

store data on a hard disk 하드 디스크에 데이터를 저장하다
The data is **stored** on a hard disk. 그 데이터는 하드 디스크에 저장된다.
*storage 명 저장

107
post
[poust]

동 1. (웹사이트 등에) 게시하다 2. (영) (우편물을) 발송하다 = mail
명 게시글, 우편(물)

I **posted** some photos of my trip online. 나는 내 여행 사진을 온라인에 올렸다.
The notice was **posted** on the board. 그 공고는 게시판에 게시되었다.
a blog **post** 블로그 게시글
*poster 명 포스터 *post office 명 우체국

108
load
[loud]

동 1. (짐을) 싣다 2. (프로그램 등을) 로딩하다 명 짐, 화물

They are **loading** boxes in the truck. 그들은 트럭에 박스를 싣고 있다.
This website is so slow to **load**. 이 웹사이트는 정말 로딩이 느리다.
The truck can carry a heavy **load**. 그 트럭은 무거운 화물을 실어 나를 수 있다.
*upload 동 업로드하다, 올리다 *download 동 다운로드하다, 내려받다

109
instant
[ínstənt]

형 1. 즉각적인 2. 즉석의, 인스턴트의 유 quick 빠른

bring an **instant** response 즉각적인 반응을 불러오다
instant food 인스턴트 식품
*instantly 부 즉각, 즉시

110
react
[riǽkt]

동 반응하다, 반응을 보이다 유 respond 답하다, 반응하다

How did he **react** to your idea? 네 아이디어에 그는 어떻게 반응했니?
People **reacted** instantly. 사람들은 즉각적으로 반응했다.
*reaction 명 반응

111
information
[ìnfərméiʃən]

명 정보

collect **information** 정보를 수집하다
For more **information**, visit our website.
더 많은 정보를 원하시면 우리 웹사이트를 방문하세요.
*inform 동 알리다, 통지하다

112
source
[sɔːrs]

명 1. 원천, 근원 2. 출처, 정보원, 소식통

a **source** of energy 에너지원
Milk is a good **source** of calcium. 우유는 칼슘의 좋은 공급원이다.
a news **source** 뉴스의 출처

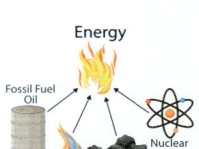

113
search
[sɜːrtʃ]

명 찾기, 검색 동 찾다, 수색하다 유 look 찾다, 찾아보다

do a **search** on the Internet 인터넷으로 검색을 하다
I **searched** for it on the Internet. 나는 인터넷으로 그것을 검색했다.
The police **searched** the woods. 경찰은 그 숲을 수색했다.

114
access
[ǽkses]

명 접근, 접속 동 (컴퓨터에) 접속하다, 접근하다

get **access** to the computer room 컴퓨터 룸에 들어가다
You need a password to **access** the file.
그 파일에 접속하려면 비밀번호가 필요하다.

115
practical
[prǽktikəl]

형 1. 실용적인, 유용한 2. 현실적인

I like a **practical** small car. 나는 실용적인 소형차가 좋다.
practical advice on finding a job 구직에 대한 유용한[현실적인] 조언

116
useful
[júːsfəl]

형 유용한, 유익한 유 helpful 도움이 되는, 유익한

useful tips for new students 신입생들에게 유용한 팁[정보]
The information was very **useful**. 그 정보는 아주 유익했다.
*use 동 사용하다, 이용하다

117
direct
[dirékt]

형 직접적인 반 indirect 간접적인 동 1. 총괄하다 2. (영화 등을) 감독[연출]하다

direct contact 직접적인 접촉
She is **directing** a new project. 그녀는 새 프로젝트를 **총괄하고** 있다.
The movie was **directed** by Steven Spielberg.
그 영화는 스티븐 스필버그가 **감독했다**.

*directly 부 직접적으로 *director 명 책임자, 감독

118
result
[rizʌ́lt]

명 결과 동 (~의 결과로) 발생하다, 생기다

The test **results** were not good. 그 시험 **결과**는 좋지 않았다.
The fire **resulted** from a small mistake. 그 화재는 작은 실수로 **발생했다**.

119
search for

~을 찾다 = look for

He is **searching for** his car key. 그는 그의 자동차 열쇠를 **찾고** 있다.
The police were **searching for** the missing boy. 경찰은 실종된 소년을 **찾고** 있었다.

120
result in

(결과적으로) ~을 낳다, ~을 야기하다

The fire **resulted in** 12 deaths. 그 화재는 12명의 사망자를 **낳았다**.
The storm **resulted in** heavy rain. 그 폭풍은 폭우를 **야기했다**.

Check Up

A 각 영어 단어의 우리말 뜻을 쓰세요.

1. store _____
2. post _____
3. instant _____
4. react _____
5. information _____
6. source _____
7. search _____
8. access _____
9. practical _____
10. useful _____
11. direct _____
12. search for _____

B 우리말에 맞게 빈칸에 알맞은 말을 넣으세요.

1. 데이터를 저장하다   _____ data
2. 정보를 수집하다   collect _____
3. 인터넷으로 검색을 하다   do a _____ on the Internet
4. 직접적인 접촉   _____ contact
5. 그 폭풍은 폭우를 야기했다.   The storm _____ in heavy rain.

Picture Review

● 그림이 나타내는 단어를 <보기>에서 골라, 우리말 뜻과 함께 쓰세요.

1.

2.

3.

4.

| disk |
| monitor |
| instant |
| load |
| result |
| search |
| tool |
| machine |

5.

6.

7.

8.

DAY 06

DAY 07

Listen & Say 1 2 3

121
social
[sóuʃəl]

형 1. 사회의, 사회적인 2. 사교적인

social media   소셜 미디어
a busy **social** life   바쁜 사교 생활
*SNS(Social Network Service) 사회 관계망 서비스
*영미권에서는 SNS 대신 social media라는 말을 주로 사용

122
network
[nétwə̀:rk]

명 1. (그물처럼 얽혀 있는) 망, 관계 2. 통신망, 네트워크

social **network**   사회 관계망
It is linked in a **network**.   그것은 네트워크로 연결되어 있다.
a television **network**   텔레비전 네트워크 (TV 방송국)

123
communicate
[kəmjú:nəkèit]

동 의사소통을 하다, 연락을 주고받다

communicate through social media   소셜 미디어를 통해 소통하다
We **communicate** with each other by email.
우리는 이메일로 서로 연락을 주고받는다.
*communication 명 의사소통, 연락

124
exchange
[ikstʃéindʒ]

동 교환하다, 주고받다 명 교환, 거래

exchange information   정보를 교환하다
We **exchanged** phone numbers.   우리는 전화번호를 주고받았다.
an **exchange** student   교환 학생

125
related
[riléitid]

형 관련 있는, 서로 관련된   유 connected 관련이 있는, linked 연결된

link some **related** websites   몇몇 관련 있는 웹사이트들을 링크하다
These problems are closely **related**.   이 문제들은 밀접하게 관련이 있다.
*relate 동 관련시키다 *relationship 명 관계

126
detail
[díteil]

명 1. 세부 사항 2. (-s) 자세한 내용[정보]

We discussed the issue in **detail**.   우리는 그 문제를 상세히 논의했다.
For more **details**, click here.   더 자세한 정보를 원한다면, 여기를 클릭하세요.

127
essay
[ései]

명 1. 과제물, 리포트 = paper, report 2. (짧은) 글, 수필

hand in an **essay**   리포트를 제출하다
write an **essay** about social media   소셜 미디어에 관한 글을 쓰다

128
dictionary
[díkʃənèri]

명 사전

an English-Korean **dictionary**   영한 사전
I looked it up in a **dictionary**.   나는 그것을 사전에서 찾아봤다.

학습일: 월 일

129
apply
[əplái]

동 1. 지원하다, 신청하다 2. 적용하다; 적용되다

I **applied** for the job. 나는 그 일자리에 **지원했다**.
It doesn't **apply** to you. 그것은 네게는 **적용되지** 않는다.

130
application
[æpləkéiʃən]

명 1. 지원서, 신청서 2. (컴퓨터) 응용 프로그램 = app

an **application** form 지원서 양식
download an **application** 앱[응용 프로그램]을 다운로드하다
You can download the **app** for free. 무료로 그 앱을 다운로드할 수 있다.

131
powerful
[páuərfəl]

형 강력한, 영향력 있는

The apps are really **powerful**. 그 앱들은 아주 **강력하다**.
She is a **powerful** blogger. 그녀는 **영향력 있는** 블로거이다.

132
impressive
[imprésiv]

형 인상적인, 감명 깊은

She was very **impressive** in the interview.
그녀는 그 인터뷰에서 아주 **인상적이었다**.
an **impressive** scene 감명 깊은 장면
*impress 동 깊은 인상을 주다 *impression 명 인상, 느낌, 감명

133
deal
[di:l]

동 다루다, 처리하다 (dealt–dealt) 명 거래, 합의

deal with a problem 문제를 처리하다
make a **deal** 거래하다, 협상을 하다
It's a **deal**! 그렇게 (합의) 합시다! / 좋아요!

134
handle
[hændl]

동 1. (문제 등을) 다루다, 처리하다 2. (손으로) 만지다 명 손잡이

Computers can **handle** huge amounts of data.
컴퓨터는 엄청난 양의 데이터를 **처리할** 수 있다.
He **handled** the situation very well. 그는 그 상황을 아주 잘 **처리했다**.
a door **handle** 문 손잡이

135
delete
[dilí:t]

동 삭제하다, 지우다

delete a file 파일을 삭제하다
They **deleted** my name from the list. 그들은 명단에서 내 이름을 **지웠다**.

136
remove
[rimú:v]

동 1. 치우다, 옮기다 2. 제거하다, 없애다

Remove your books from the table. 탁자에서 네 책들을 **치워라**.
remove problems 문제들을 제거하다
remove the stain 얼룩을 없애다

DAY 07

137
diary
[dáiəri]

⑲ 일기, 일기장

keep a **diary** (꾸준히) 일기를 쓰다
You can download a **diary** app for free.
일기장 앱을 무료로 다운로드할 수 있다.

138
record
[rikɔ́ːrd]

⑱ 1. 기록하다 2. 녹음하다 ⑲ [rékərd] 1. 기록 2. 음반

She **recorded** everything in her diary.
그녀는 모든 것을 일기장에 **기록했다**.
break a world **record** 세계 **기록**을 깨다

139
be related to

~와 관련이 있다, ~와 연관되다

The topic **is related to** social media. 그 주제는 소셜 미디어와 관련이 있다.
Art **is** closely **related to** culture. 예술은 문화와 밀접하게 연관되어 있다.

140
deal with

~을 다루다, ~을 처리하다

Don't worry. I'll **deal with** it. 걱정 마. 내가 그것을 처리할게.
He failed to **deal with** the problem. 그는 그 문제를 처리하는 데 실패했다.

Check Up

A 각 영어 단어의 우리말 뜻을 쓰세요.

1. social _____
2. communicate _____
3. exchange _____
4. related _____
5. detail _____
6. apply _____
7. powerful _____
8. impressive _____
9. deal _____
10. handle _____
11. remove _____
12. record _____

B 우리말에 맞게 빈칸에 알맞은 말을 넣으세요.

1. 소셜 미디어   _____ media
2. 그 일자리에 지원하다   _____ for the job
3. 문제를 처리하다   _____ with a problem
4. 앱을 다운로드하다   download an _____
5. 예술은 문화와 연관되어 있다. Art is _____ to culture.

Picture Review

● 그림이 나타내는 단어를 <보기>에서 골라, 우리말 뜻과 함께 쓰세요.

1.

2.

3.

4.

5.

6.

7.

8.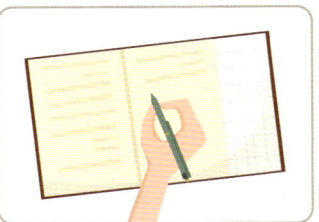

application

exchange

network

powerful

dictionary

record

delete

diary

DAY 07

DAY 08

Listen & Say 1 2 3

141
legend
[lédʒənd]

명 1. 전설 2. 전설적인 인물

the **legend** of Robin Hood   로빈 후드의 전설
He is a golf **legend**.   그는 골프 전설이다.

142
champion
[tʃǽmpiən]

명 챔피언, 선수권 대회 우승자   유 **winner** 우승자

the world tennis **champion**   세계 테니스 챔피언

*championship 명 선수권 대회, 챔피언전

143
online
[ɔ́nlain]

형 온라인의 부 온라인으로 반 **offline** 오프라인의; 오프라인으로

How often do you play **online** games?
너는 얼마나 자주 온라인 게임을 하니?
I like shopping **online**.   나는 온라인으로 쇼핑하기를 좋아한다.

144
electronic
[ilektrɑ́nik]

형 1. 전자의 2. 컴퓨터로 제어되는, 인터넷을 이용한 *electric 전기의

electronic music   전자 음악
Have you heard about **electronic** sports or e-sports?
너는 전자 스포츠 또는 e-스포츠에 대해 들어 본 적 있니?

145
professional
[prəféʃənl]

형 1. (전문적인) 직업의 2. 프로의 명 프로 (선수) = **pro**
반 **amateur** 아마추어

a **professional** gamer   프로 게이머
become a **professional** golfer   프로 골프 선수가 되다
*profession 명 (전문적인) 직업

146
league
[li:g]

명 (스포츠 경기의) 리그, 연맹, 동맹 *match 경기, 시합

League of Legends is the most popular e-sport.
리그 오브 레전드는 가장 인기 있는 e-스포츠이다.
a big fan of Major **League** Baseball   메이저 리그 야구의 열성팬

147
develop
[divéləp]

동 1. 개발하다 2. 성장[발달]하다; 성장[발달]시키다

Our company **developed** the game.   우리 회사가 그 게임을 개발했다.
exercise to **develop** muscles   근육을 발달시키기 위해 운동하다
*developer 명 개발자 *development 명 개발

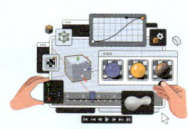

148
produce
[prədjú:s]

동 1. 생산하다, 만들어 내다 2. (결과 등을) 낳다, 초래하다

The factory **produces** electric cars.   그 공장은 전기 자동차를 생산한다.
Who **produced** the TV series?   누가 그 TV 시리즈를 제작했니?
produce a good result   좋은 결과를 낳다
*producer 명 생산자, (영화·연극의) 제작자   *production 명 생산

149
basics
[béisiks]

명 기본, 기초, 기본적인 것들

focus on the **basics** 기본에 집중하다
learn the **basics** of computer programming
컴퓨터 프로그래밍의 **기초**를 배우다

*base 명 토대, 기반, 기지

150
based
[beist]

형 1. (~에) 기반을 둔 2. [-based] (~을) 기반으로 한

The game is **based** on a legend. 그 게임은 전설에 **기반을 둔** 것이다.
It's a computer-**based** video game.
그것은 컴퓨터를 **기반으로 한** 비디오 게임이다.

151
battle
[bǽtl]

명 전투, 투쟁 동 싸우다, 투쟁하다

the best online **battle** game   최고의 온라인 **배틀** 게임
the **battle** between good and evil   선과 악의 **싸움**
Both teams **battled** hard. 두 팀 다 열심히 **싸웠다**.

152
war
[wɔːr]

명 전쟁, 싸움

the Second World **War**   제2차 세계 **대전**
His son died in the **war**. 그의 아들은 그 **전쟁**에서 죽었다.

*warrior 명 전사

153
enemy
[énəmi]

명 1. 적, 원수 2. 적국, 적군

make many **enemies**   많은 **적**을 만들다
In the game, they became **enemies**. 게임에서 그들은 **적**이 되었다.

154
opposite
[άpəzit]

전 ~ 건너편에, ~ 맞은편에 형 1. (정)반대의 2. 맞은편의

They sat **opposite** each other. 그들은 서로 **맞은편**에 앉았다.
move in the **opposite** direction   **반대** 방향으로 움직이다

*oppose 동 반대하다, 겨루다, 대항하다

155
attack
[ətǽk]

동 공격하다, 습격하다 명 공격

attack the other team   상대편을 **공격하다**
attack the enemy   적을 **공격하다**
make an **attack**   **공격**을 가하다

156
defend
[difénd]

동 방어하다, 지키다

They **defended** the castle against an attack.
그들은 공격으로부터 그 성을 **지켰다**.
the **defending** champion   **방어전에 나선** 챔피언

*defense 명 방어

157
destroy
[distrɔ́i]

⑧ 파괴하다, 파멸시키다

destroy the enemy's base 적의 기지를 파괴하다
The building was **destroyed** by fire. 그 건물은 화재로 **파괴되었다**.

158
defeat
[difí:t]

⑧ 패배시키다, 물리치다

We **defeated** the enemy. 우리는 적을 물리쳤다.
The enemy was **defeated**. 적은 격퇴되었다.

159
be based on

~에 기초하다, ~을 기반으로 하다

The book **is based on** a true story. 그 책은 실화를 기반으로 한다.

160
according to

~에 따르면

According to legend, the tree was planted by a wizard.
전설에 따르면 그 나무는 마법사가 심었다.
According to the weather report, it will be rainy tomorrow.
일기예보에 따르면 내일은 비가 올 것이다.

Check Up

A 각 영어 단어의 우리말 뜻을 쓰세요.

1. legend _____   2. professional _____
3. league _____   4. develop _____
5. basics _____   6. based _____
7. war _____   8. opposite _____
9. attack _____   10. defend _____
11. destroy _____ 12. defeat _____

B 우리말에 맞게 빈칸에 알맞은 말을 넣으세요.

1. 온라인 게임을 하다   play _____ games
2. 전자 음악   _____ music
3. 프로 게이머   a _____ gamer
4. 전설에 따르면   _____ to legend
5. 그것은 실화를 기반으로 한다. It is _____ on a true story.

Picture Review

● 그림이 나타내는 단어를 <보기>에서 골라, 우리말 뜻과 함께 쓰세요.

1.

2.

| battle |
| champion |
| produce |
| electronic |
| legend |
| destroy |
| defeat |
| enemy |

3.

4.

5.

6.

7.

8.

Review Test 02

A 그림을 보고, 빈칸에 들어갈 알맞은 알파벳을 쓰세요.

1.
   con_____

2.
   con_____

3.
   prac_____

4.
   so_____

5.
   use_____

6.
   power_____

7.
   ma_____

8.
   ex_____

9.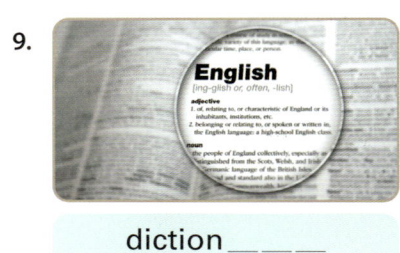
   diction_____

10.
    di_____

B 그림을 보고, 빈칸에 알맞은 단어를 넣으세요.

| impressive | network | mouse | application | destroy | opposite |

1.
2.
3.
4.
5.
6.

C 우리말과 같은 뜻이 되도록 빈칸에 알맞은 단어/숙어를 넣으세요.

| communicate | according to | lose contact | keep in touch | apply for |

1. 그녀와 계속 연락하다 _____ with her
2. 그와 연락이 끊기다 _____ with him
3. 그 일자리에 지원하다 _____ the job
4. 소셜 미디어를 통해 소통하다 _____ through social media
5. 전설에 따르면 _____ legend

D 주어진 단어와 반대의 뜻을 가진 단어를 <보기>에서 골라 쓰세요.

online	wireless	defend	delete

1. wire _____   2. offline _____
3. store _____   4. attack _____

E 주어진 단어와 비슷한 뜻을 가진 단어를 <보기>에서 골라 쓰세요.

connect	practical	respond	create

1. link _____   2. make _____
3. reply _____   4. useful _____

F 우리말 뜻에 알맞은 단어/숙어를 <보기>에서 골라 문장을 완성하세요.

resulted in	related to	work	log in

1. 로그인을 하려면 비밀번호가 필요하다.

   You need a password to _____.

2. 그 난방 시스템은 아직도 작동이 안 된다.

   The heating system still doesn't _____.

3. 그 폭풍은 폭우를 야기했다.

   The storm _____ heavy rain.

4. 그 주제는 소셜 미디어와 관련이 있다.

   The topic is _____ social media.

G 읽을 수 있는 단어에 체크한 후, 우리말 뜻을 빈칸에 써 보세요.

- [ ] connect _____
- [ ] wireless _____
- [ ] press _____
- [ ] system _____
- [ ] account _____
- [ ] create _____
- [ ] work _____
- [ ] still _____
- [ ] contact _____
- [ ] reply _____
- [ ] machine _____
- [ ] store _____
- [ ] post _____
- [ ] instant _____
- [ ] information _____
- [ ] source _____
- [ ] search _____
- [ ] practical _____
- [ ] direct _____
- [ ] result _____

- [ ] social _____
- [ ] communicate _____
- [ ] exchange _____
- [ ] related _____
- [ ] detail _____
- [ ] apply _____
- [ ] powerful _____
- [ ] impressive _____
- [ ] remove _____
- [ ] record _____
- [ ] legend _____
- [ ] professional _____
- [ ] develop _____
- [ ] produce _____
- [ ] based _____
- [ ] battle _____
- [ ] enemy _____
- [ ] attack _____
- [ ] defend _____
- [ ] destroy _____

DAY 09

Listen & Say 1 2 3

161
community
[kəmjúːnəti]

명 1. 공동체, 지역 사회 2. (종교·인종·직업 등이 같은) 집단, 사회
A city is a big **community**. 도시는 큰 **공동체**이다.
the Asian **community** in New York 뉴욕의 아시아계 **공동체**

162
neighbor
[néibər]

명 이웃, 이웃 사람
They are my good **neighbors**. 그들은 나의 좋은 **이웃**들이다.
a next-door **neighbor** 옆집 사람
*neighborhood 명 근처, 이웃, (특정) 지역

163
citizen
[sítizn]

명 1. 시민, 국민 2. (특정 지역의) 주민
an American **citizen** 미국 **시민[국민]**
Good **citizens** follow rules. 좋은 **시민**은 규칙을 따른다.
*citizenship 명 시민권, 시민 의식

164
volunteer
[vàləntíər]

명 자원봉사자, 자원자 동 자원하다
Volunteers help others. **자원봉사자**들은 다른 사람들을 돕는다.
He **volunteered** for night duty. 그는 야간 근무를 **자원했다**.

165
common
[kámən]

형 1. 공통의, 공동의 2. 흔한, 평범한 반 uncommon 흔치 않은, 드문
They use a **common** language. 그들은 **공통**어를 사용한다.
Tom is a very **common** name. 톰은 아주 **흔한** 이름이다.

166
rare
[rɛər]

형 1. 드문, 보기 힘든 2. 희귀한 유 unusual 흔치 않은, 드문
Big families are very **rare** nowadays. 오늘날 대가족은 매우 **드물다**.
collect **rare** plants 희귀 식물을 수집하다
*rarely 부 드물게, 좀처럼 ~ 않는

167
respect
[rispékt]

동 존경하다, 존중하다 명 존경(심), 경의
Good citizens **respect** others. 좋은 시민은 다른 사람들을 **존중한다**.
show **respect** to older people 연장자에게 **존경심**을 보이다

168
honor
[ánər]

명 1. 존경, 공경 2. 명예, 영광 동 기리다
It's a great **honor** to work with you.
함께 일하게 되어 대단히 **영광**입니다.
Every year, we **honor** our nation's heroes.
해마다 우리는 나라의 영웅들을 **기린다**.

169
treat
[tri:t]

동 1. 대하다, 다루다, 취급하다 2. 치료하다
We must **treat** others nicely. 우리는 다른 사람들을 친절하게 **대해**야 한다.
treat a disease 질병을 **치료하다**
*treatment 명 대우, 처우; 치료

170
equally
[íːkwəli]

부 똑같이, 동등하게, 평등하게 반 unequally 같지 않게, 불평등하게
Both are **equally** important. 둘 다 **똑같이** 중요하다.
Everyone should be treated **equally**.
모든 사람은 **평등하게** 대우받아야 한다.
*equal 형 동일한, 동등한

171
fair
[fɛər]

형 공평한, 공정한 반 unfair 불공평한 명 박람회
That's not **fair**. 그것은 공평하지 않다.
a book **fair** 도서 박람회

172
favor
[féivər]

명 1. 호의, 친절 유 kindness 친절 2. 부탁 3. 지지, 찬성
do me a **favor** 내게 호의를 베풀다. 내 부탁을 들어주다
Could you do me a **favor**? 제 **부탁** 하나만 들어주시겠어요?
I'm in **favor** of the plan. 나는 그 계획에 **찬성**이다.

173
holiday
[hάlədèi]

명 1. 공휴일 2. 휴가, 방학 = (미) vacation 3. (-s) 연말연시
a national **holiday** 국경일
the school **holidays** 학교 방학
Happy **Holidays**! 연말연시 즐겁게 보내세요!

174
parade
[pəréid]

명 퍼레이드, 가두 행진 동 퍼레이드를 하다 유 march 행진하다
The city has a **parade** every 4th of July.
그 도시는 매년 7월 4일에 퍼레이드를 한다.

175
army
[ά:rmi]

명 군대, 육군
decide to join the **army** 군에 입대하기로 결심하다
He volunteered for the **army**. 그는 육군에 자원했다.

176
soldier
[sóuldʒər]

명 군인, 병사
soldiers in uniform 군복을 입은 **군인들**
A lot of **soldiers** died in the war. 많은 **병사들**이 그 전쟁에서 죽었다.

DAY 09

177
celebrate
[séləbrèit]

동 (행사·기념일 등을) 축하하다, 기념하다
유 congratulate (좋은 일이 있는 사람을) 축하하다

celebrate the new year 새해를 축하하다
We **celebrate** national holidays. 우리는 국경일을 기념한다.

*celebration 명 기념(하기), 축하 행사

178
decorate
[dékərèit]

동 장식하다, 꾸미다

decorate a Christmas tree 크리스마스 트리를 장식하다
They **decorated** the room with flowers. 그들은 꽃으로 그 방을 꾸몄다.

*decoration 명 장식

179
have ~ in common

공통적으로 ~을 가지다, ~한 공통점이 있다

He **has** a lot **in common** with you. 그는 너와 공통점이 많다.
We **have** nothing **in common**. 우리는 아무런 공통점이 없다.

180
in need

어려움에 처한, 궁핍한

Good neighbors help people **in need**. 좋은 이웃은 어려움에 처한 사람들을 돕는다.
They collected money to help those **in need**.
그들은 어려운 사람들을 돕기 위해 돈을 모았다.

Check Up

A 각 영어 단어의 우리말 뜻을 쓰세요.

1. community _____
2. citizen _____
3. volunteer _____
4. common _____
5. rare _____
6. respect _____
7. honor _____
8. treat _____
9. fair _____
10. favor _____
11. celebrate _____
12. in need _____

B 우리말에 맞게 빈칸에 알맞은 말을 넣으세요.

1. 공통어를 사용하다   use a _____ language
2. 연장자에게 존경심을 보이다   show _____ to older people
3. 국경일   a national _____
4. 공통점이 많다   have a lot _____
5. 제 부탁 하나만 들어주시겠어요? Could you do me a _____?

Picture Review

● 그림이 나타내는 단어를 <보기>에서 골라, 우리말 뜻과 함께 쓰세요.

1.
2.
3.
4.
5.
6.
7.
8.

equally

community

parade

celebrate

citizen

army

soldier

decorate

DAY 09

DAY 10

Listen & Say 1 2 3

181
law
[lɔː]

명 법, 법률
Community rules are called **laws**. 공동체 규칙은 법이라 불린다.
We should follow rules and **laws**. 우리는 규칙과 법을 따라야 한다.

182
duty
[djúːti]

명 1. 의무, 직무 2. (국내로 들어오는 물품에 대한) 세금   유 tax 세금
I'll do my **duty**. 나는 나의 의무를 다할 것이다.
Who's on **duty** today? 오늘 근무[당번]는 누구죠?
a **duty**-free shop 면세점

183
vote
[vout]

동 투표하다 명 투표, 표결
Citizens over 18 can **vote**. 18세가 넘는 시민은 투표할 수 있다.
the results of the **vote** 투표의 결과

184
right
[rait]

명 1. 권리 2. 오른쪽 형 1. 옳은 2. 오른쪽의
All adult citizens have the **right** to vote.
모든 성인 국민은 투표할 권리를 갖는다.
You are **right**. 네 말이 맞다.

185
president
[prézədənt]

명 1. 대통령 2. (사업체 등의) 회장, 사장
the **president** of the United States 미국의 대통령
run for **president** 대통령 선거에 출마하다
He is the **president** of the company. 그는 그 회사의 회장이다.

186
mayor
[méiər]

명 시장
the **mayor** of New York 뉴욕 시장
He has been **mayor** three times. 그는 시장을 세 번이나 했다.

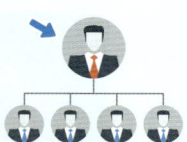

187
chairman
[tʃéərmən]

명 1. (회의의) 의장 2. (위원회 등의) 회장, 위원장
반 chairwoman 여성 의장
Who is the **chairman** of the board? 그 위원회의 의장은 누구인가요?

188
chief
[tʃiːf]

명 1. (단체의) 장, 우두머리 = head 2. 추장, 족장
형 주된, 주요한 유 main 주요한
the **chief** of police 경찰서장
solve the **chief** problems 주요 문제들을 해결하다

189
elect [ilékt]

⑧ (선거로) 선출하다, 선택하다

She was **elected** mayor of London. 그녀는 런던 시장으로 선출되었다.
*election ⑨ 선거, 당선

190
select [silékt]

⑧ 선택하다, 선발하다 ㉤ choose 선택하다, pick 고르다

select the best 가장 좋은 것을 선택하다
He was **selected** for the national team. 그는 국가대표팀에 선발되었다.
*selection ⑨ 선택, 선발

191
lead [liːd]

⑧ 이끌다, 인도하다 (led-led) ㉤ guide 안내하다 ⑨ 선두

lead the country 나라를 이끌다
Our country is **led** by the president. 우리나라는 대통령이 이끌어 간다.
play the **leading** character 주연을 맡다

192
leader [líːdər]

⑨ 지도자, 대표 ㉤ boss 상관, 상사, 사장

a great **leader** 훌륭한 지도자
The president is the **leader** of the country. 대통령은 그 나라의 **지도자**이다.

193
speech [spiːtʃ]

⑨ 1. 연설, 강연 2. 말하기, 말

give a **speech** on human rights 인권에 대한 연설을 하다
freedom of **speech** 표현[언론]의 자유
*speak ⑧ 말하다

194
serve [səːrv]

⑧ 1. (~을 위해) 일하다, 복무하다 2. (음식을) 제공하다
　　3. (손님을) 응대하다

He **served** in the army for 22 years. 그는 22년 동안 군에서 복무했다.
Breakfast is **served** until 10 a.m. 아침 식사는 오전 10시까지 제공된다.
serve a customer 손님을 응대하다
*service ⑨ 서비스

195
responsible [rispánsəbl]

⑱ 1. (~을) 책임지고 있는 2. (~에 대해) 책임이 있는

The mayor is **responsible** for the city. 시장은 그 시를 책임지고 있다.
Who is **responsible** for this mess? 이렇게 엉망이 된 것이 누구 **책임**이지?
*responsibility ⑨ 책임, 책임감

196
charge [tʃɑːrdʒ]

⑨ 1. 책임, 담당 2. (상품·서비스에 대한) 요금 ⑧ 청구하다, 부과하다

She is in **charge** of the project. 그녀가 그 프로젝트 담당이다.
a service **charge** 서비스 요금
charge him $20 for the broken window 깨진 창문에 대해 그에게 20달러를 청구하다

197
support
[səpɔ́ːrt]

동 1. 지지하다, 지원하다 2. 떠받치다, 부양하다
Which team do you **support**? 너는 어느 팀을 지지하니?
He has to **support** his family. 그는 그의 가족을 부양해야 한다.

198
assist
[əsíst]

동 돕다, 조력하다   유 help 돕다, aid 돕다, 원조하다
assist with the campaign 캠페인을 돕다
He's looking for someone to **assist** him.
그는 그를 보조해 줄 사람을 찾고 있다.

199
be responsible for

~을 담당하다, ~에 대해 책임이 있다
John **is responsible for** the event. 존이 그 이벤트를 담당하고 있다.
He **is responsible for** the mistake. 그가 그 실수에 대해 책임이 있다.

200
be in charge of

~ 담당이다, ~을 책임지고[총괄하고] 있다
I'**m in charge of** marketing. 나는 마케팅을 담당하고 있다.
She **is in charge of** the new project. 그녀가 새 프로젝트를 책임지고 있다.

Check Up

A 각 영어 단어의 우리말 뜻을 쓰세요.

1. duty _____
2. vote _____
3. right _____
4. elect _____
5. select _____
6. lead _____
7. speech _____
8. serve _____
9. responsible _____
10. support _____
11. assist _____
12. be in charge of _____

B 우리말에 맞게 빈칸에 알맞은 말을 넣으세요.

1. 뉴욕 시장   the _____ of New York
2. 경찰서장   the _____ of police
3. 연설을 하다   give a _____
4. 서비스 요금   a service _____
5. 내가 그 이벤트를 담당하고 있다. I'm _____ for the event.

Picture Review

● 그림이 나타내는 단어를 <보기>에서 골라, 우리말 뜻과 함께 쓰세요.

1.

2.

3.

4.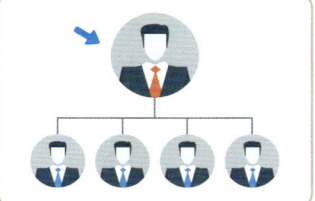

5.

6.

7.

8.

vote

chairman

president

law

speech

support

select

serve

DAY 11

Listen & Say 1 2 3

201
transportation
[trænspərtéiʃən]
몡 1. 수송, 운송 2. 교통[운송] 수단

transportation costs 운송 비용
What kinds of **transportation** do you use?
너는 어떤 **교통 수단**을 이용하니?

*transport 동 수송하다, 실어 나르다

202
transfer
[trænsfə́:r]
동 1. 옮기다, 이동하다 = move 2. 갈아타다 몡 이동, 환승

transfer to another school 다른 학교로 **전학 가다**
You can **transfer** to line number 2. 2호선으로 **갈아탈** 수 있습니다.
a **transfer** ticket 환승 티켓

203
wheel
[hwi:l]
몡 1. 바퀴, 바퀴 모양의 것 2. (자동차의) 핸들 3. 자동차

Trucks have big **wheels**. 트럭은 큰 **바퀴**를 가지고 있다.
sit behind the **wheel** 운전석에 앉다

204
vehicle
[ví:ikl]
몡 차량, 탈것

Vehicles like cars and trucks move on land.
자동차와 트럭 같은 **차량들**은 땅 위에서 움직인다.

205
public
[pʌ́blik]
혱 1. 대중의 2. 공공의, 공립의 몡 (the -) 일반 사람들, 대중

public transportation 대중교통
a **public** school 공립 학교
open to the **public** 일반인들에게 공개되다

206
private
[práivət]
혱 1. 사적인, 개인의 2. 사립의

a **private** conversation 사적인 대화
My cousin went to a **private** school. 내 사촌은 **사립** 학교에 다녔다.

207
goods
[gudz]
몡 상품, 제품, 물품 유 product 생산물, 상품

Transportation moves **goods**. 운송기관은 **물품**을 운반한다.

208
take
[teik]
동 1. (시간이) 걸리다 2. (탈것을) 타다 3. 가지고 가다 (took–taken)

It **takes** two hours to get there. 거기 가는 데 두 시간이 **걸린다**.
They **take** a bus to school. 그들은 버스를 **타고** 학교에 간다.
Cargo ships **take** goods across oceans.
화물선은 바다를 건너(해외로) 물품을 운반한다.

209
deliver
[dilívər]

⑧ 배달하다

deliver a package 소포를 배달하다
Mail is **delivered** once a day. 우편물은 하루에 한 번 **배달된다**.

210
delivery
[dilívəri]

⑲ 배달, 인도

Delivery trucks deliver goods. 배달 트럭은 물품을 배달한다.
Delivery is free of charge. 배달비는 무료이다.

211
traffic
[trǽfik]

⑲ (도로의) 차량들, 교통(량)

a **traffic** jam 교통 체증
There was heavy **traffic** on the roads. 도로에 차들이 많았다.

212
highway
[háiwèi]

⑲ 고속도로

The **highway** connects New York and Philadelphia.
그 **고속도로**는 뉴욕과 필라델피아를 연결한다.

213
speed
[spi:d]

⑲ 속도 ⑧ 1. 빨리 가다 2. 속도 위반을 하다

drive at high **speed** 고속으로 차를 몰다
give a ticket for **speeding** 속도 위반으로 딱지를 떼다
You were **speeding**. 당신은 속도 위반을 했습니다.

214
limit
[límit]

⑲ 한도, 제한 ⑧ 제한하다

a speed **limit** 제한 속도
Seating is **limited** to 200. 좌석은 200석으로 제한되어 있다.

215
license
[láisəns]

⑲ 면허, 자격증 = (영) licence ⑧ (공적으로) 허가하다

a driver's **license** 운전 면허증
May I see your driver's **license**, please?
운전 면허증을 보여 주시겠습니까?

216
fee
[fi:]

⑲ 1. (전문적인 서비스에 대한) 수수료 2. 공공 요금, 회비
⑨ fare (교통) 요금

a license **fee** 라이선스 사용료(비용)
pay the membership **fees** 회비를 내다

217
accident 명 1. 사고 2. 우연, 우연한 일
[ǽksidənt]

I was in a car **accident**. 나는 자동차 **사고**를 당했다.
There was a traffic **accident**. 교통**사고**가 있었다.
We met at the airport by **accident**. 우리는 공항에서 **우연**히 만났다.
*accidentally 부 우연히, 뜻하지 않게

218
ambulance 명 구급차, 앰뷸런스
[ǽmbjuləns]

Please call an **ambulance**! **구급차** 좀 불러 주세요!

219
get on[off] (버스·기차·비행기 등)을 타다[내리다]

Get on the number 77 bus. 77번 버스를 **타세요**.
I think we **got on** the wrong bus. 내 생각에 우리는 버스를 잘못 **탄** 것 같다.
He **got off** the train at the next station. 그는 다음 역에서 기차를 **내렸다**.

220
for free 무료로 = free of charge

Volunteers work **for free**. 자원봉사자들은 **무료로** 일한다.
People over 65 can take the subway **for free**.
65세 이상은 지하철을 **무료로** 탈 수 있다.

Check Up

A 각 영어 단어의 우리말 뜻을 쓰세요.

1. transfer _____   2. vehicle _____
3. public _____   4. private _____
5. take _____   6. deliver _____
7. speed _____   8. limit _____
9. fee _____   10. accident _____
11. get off _____   12. for free _____

B 우리말에 맞게 빈칸에 알맞은 말을 넣으세요.

1. 2호선으로 갈아타다   _____ to line number 2
2. 교통 체증   a _____ jam
3. 속도 위반으로 딱지를 떼다   give a ticket for _____
4. 운전 면허증   a driver's _____
5. 약 2시간이 걸린다.   It _____ about two hours.

Picture Review

● 그림이 나타내는 단어를 <보기>에서 골라, 우리말 뜻과 함께 쓰세요.

| goods |
| delivery |
| transportation |
| traffic |
| accident |
| ambulance |
| limit |
| license |

1.

2.

3.

4.

5.

6.

7.

8.

DAY 12

Listen & Say 1 2 3

221
north
[nɔːrθ]

명 북쪽 형 북쪽의 부 북쪽으로

Which way is **north**? 북쪽이 어느 쪽이죠?
the **North** Pole 북극

222
south
[sauθ]

명 남쪽 형 남쪽의 부 남쪽으로

the **South** Pole 남극
Birds fly **south** for the winter. 새들은 겨울을 나기 위해 **남쪽으로** 날아간다.

223
east
[iːst]

명 동쪽 형 동쪽의 부 동쪽으로

The sun rises in the **east**. 해는 **동쪽에서** 뜬다.
The letter E shows **east** on a compass.
나침반에서 글자 E는 **동쪽**을 나타낸다.

224
west
[west]

명 서쪽 형 서쪽의 부 서쪽으로

The sun sets in the **west**. 해는 **서쪽으로** 진다.
the **west** coast of Scotland 스코틀랜드의 서해안

225
direction
[dirékʃən]

명 1. 방향 2. (-s) 지시, 명령 3. 지휘, 감독

There are four main **directions**. 네 가지 주요 **방위**가 있다.
lose a sense of **direction** 방향 감각을 잃다
under the **direction** of the mayor 시장의 **지휘**하에
*direct 동 지시하다, 감독하다

226
anywhere
[énihwɛər]

부 1. [긍정문] 어디든지 2. [의문문] 어딘가에 3. [부정문] 아무 데도

You can go **anywhere**. 너는 **어디든** 갈 수 있다.
Did you go **anywhere** this summer? 너는 이번 여름에 **어디** 갔었니?
I'm not going **anywhere**. 나는 **아무 데도** 안 갈 것이다.
*everywhere 부 모든 곳에 *anytime 부 언제든지

227
toward
[tɔːrd]

전 ~쪽으로, ~을 향하여 = towards

move **toward** the south 남쪽으로[남쪽을 향해] 나아가다
He walked **toward** us. 그는 우리 **쪽으로** 걸어왔다.

228
face
[feis]

동 1. ~을 향하다 2. (~에) 직면하다 명 얼굴

The window **faces** the river. 그 창문은 강 쪽을 향해 있다.
We have to **face** the truth. 우리는 사실을 **직시해야** 한다.

229
locate [lóukeit]

⑧ 1. (위치를) 찾아내다, 알아내다 2. (특정 위치에) 두다

I couldn't **locate** the city on the map.
나는 지도에서 그 도시를 찾을 수 없었다.
Our office is **located** in London. 우리 사무실은 런던에 **위치해** 있다.

230
location [loukéiʃən]

⑲ 위치, 소재, 장소

His house is in a good **location**. 그의 집은 좋은 위치에 있다.
The company moved to a new **location**.
그 회사는 새로운 곳으로 이전했다.

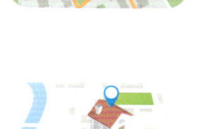

231
divide [diváid]

⑧ 1. 나누다, 쪼개다; 나뉘다 2. (몫을) 분배하다

divide into four pieces 네 조각으로 나누다
A map is **divided** by lines. 지도는 선으로 나뉘어 있다.

232
sort [sɔːrt]

⑲ 종류, 유형 = kind ⑧ 분류하다

I like all **sorts** of music. 나는 모든 **종류**의 음악을 좋아한다.
Cans and bottles are **sorted** for recycling.
캔과 병은 재활용을 위해 **분류된다**.

233
through [θruː]

㉠ 1. ~을 통해[통과하여] 2. ~을 지나서[거쳐]

We are going **through** the tunnel. 우리는 터널을 **통과**하고 있다.
The road passes **through** the village. 그 도로는 그 마을을 **지나간다**.

234
countryside [kʌ́ntrisaid]

⑲ 시골 지역, 전원 지대 ㊯ country 시골, 나라

live in the **countryside** 시골에 살다
I like walking in the **countryside**. 나는 시골 지역을 걷는 것을 좋아한다.

235
path [pæθ]

⑲ 1. (작은) 길, 오솔길, 산책로 2. 경로, 방향

walk along a **path** 오솔길을 따라 걷다
the **path** of a hurricane 허리케인의 경로

236
track [træk]

⑲ 1. (밟아서 생긴) 길 2. (-s) 발자국 3. (기차) 선로 ⑧ 추적하다

a **track** through the forest 숲으로 난 길
follow the bear's **tracks** 곰의 발자국을 따라가다
The police **tracked** the killer. 경찰은 그 살인자를 **추적했다**.

237
route
[ru:t]

명 1. (따라가는) 길, 경로, 루트 2. (버스·기차 등의) 노선

Which is the best **route** to take? 어느 길로 가는 것이 가장 좋을까?
a bus **route** 버스 노선

238
lane
[lein]

명 1. 도로, 길 2. 차선

take the middle **lane** 가운데 차선을 타다
a bus **lane** 버스 차선

239
stand for

~을 상징하다, ~을 의미하다[나타내다] = represent, mean

The letter N **stands for** north. 그 글자 N은 north(북)를 의미한다.
What does ATM **stand for**? ATM(현금 자동 인출기)은 무엇을 나타내나요?

240
such as

(예를 들어) ~와 같은 = like

I often use public transportation, **such as** buses and trains.
나는 버스나 기차 같은 대중교통을 자주 이용한다.
Bring things **such as** sleeping bags and walking boots.
침낭이나 워킹화와 같은 것들을 가져와라.

Check Up

A 각 영어 단어의 우리말 뜻을 쓰세요.

1. east _____   2. west _____
3. direction _____ 4. anywhere _____
5. face _____   6. locate _____
7. divide _____   8. sort _____
9. through _____   10. path _____
11. track _____   12. such as _____

B 우리말에 맞게 빈칸에 알맞은 말을 넣으세요.

1. 북극   the _____ Pole
2. 방향 감각을 잃다   lose a sense of _____
3. 런던에 위치해 있다   be _____ in London
4. 선들로 나누어 있다   be _____ by lines
5. 그 글자 S는 south를 의미한다.   The letter S _____ for south.

Picture Review

● 그림이 나타내는 단어를 <보기>에서 골라, 우리말 뜻과 함께 쓰세요.

| direction |
| north |
| south |
| countryside |
| location |
| toward |
| divide |
| route |

1.

2.

3.

4.

5.

6.

7.

8.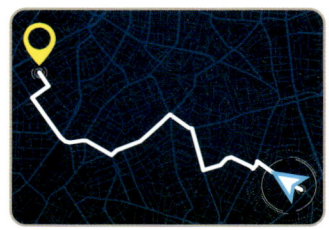

Review Test 03

DAY 09-12

A 그림을 보고, 빈칸에 들어갈 알맞은 알파벳을 쓰세요.

1.
cele_____

2.
deco_____

3.
presi_____

4.
acci_____

5.
e_____

6.
se_____

7.
di_____

8.
lo_____

9.
di_____

10.
country_____

B 그림을 보고, 빈칸에 알맞은 단어를 넣으세요.

| serve | deliver | neighbor | volunteer | ambulance | traffic |

1. _____
2. _____
3. _____
4. _____
5. _____
6. _____

C 우리말과 같은 뜻이 되도록 빈칸에 알맞은 단어/숙어를 넣으세요.

| go through | in common | limit | direction | in charge of |

1. 아무런 공통점이 없다   have nothing _____
2. 마케팅을 담당하다   be _____ marketing
3. 제한 속도   a speed _____
4. 방향 감각을 잃다   lose a sense of _____
5. 터널을 통과하다   _____ the tunnel

D 주어진 단어와 반대의 뜻을 가진 단어를 <보기>에서 골라 쓰세요.

| fair | equally | rare | private |

1. common _____
2. public _____
3. unfair _____
4. unequally _____

E 주어진 단어와 비슷한 뜻을 가진 단어를 <보기>에서 골라 쓰세요.

| select | assist | transfer | lead |

1. choose _____
2. guide _____
3. help _____
4. move _____

F 우리말 뜻에 알맞은 단어/숙어를 <보기>에서 골라 문장을 완성하세요.

| took | respect | responsible for | located in |

1. 좋은 시민은 다른 사람을 존중한다.

   Good citizens _____ others.

2. 시장은 그 시를 책임지고 있다.

   The mayor is _____ the city.

3. 거기 가는 데 두 시간이 걸렸다.

   It _____ two hours to get there.

4. 우리 사무실은 런던에 위치해 있다.

   Our office is _____ London.

G 읽을 수 있는 단어에 체크한 후, 우리말 뜻을 빈칸에 써 보세요.

☐ community	_____		☐ transportation	_____
☐ citizen	_____		☐ transfer	_____
☐ volunteer	_____		☐ vehicle	_____
☐ common	_____		☐ public	_____
☐ respect	_____		☐ private	_____
☐ honor	_____		☐ take	_____
☐ treat	_____		☐ delivery	_____
☐ fair	_____		☐ license	_____
☐ favor	_____		☐ fee	_____
☐ soldier	_____		☐ accident	_____
☐ law	_____		☐ direction	_____
☐ duty	_____		☐ anywhere	_____
☐ vote	_____		☐ face	_____
☐ right	_____		☐ locate	_____
☐ president	_____		☐ divide	_____
☐ elect	_____		☐ sort	_____
☐ speech	_____		☐ through	_____
☐ responsible	_____		☐ path	_____
☐ support	_____		☐ track	_____
☐ assist	_____		☐ route	_____

DAY 13

Listen & Say 1 2 3

241
tour
[tuər]

명 관광 (여행) 유 trip (짧은) 여행 동 순회하다, 관광하다

a one-day **tour** 일일 관광
The band is **touring** Europe. 그 밴드는 유럽을 순회 중이다.

*****tourist** 명 관광객

242
journey
[dʒə́ːrni]

명 (장거리) 여행, 여정 동 (장거리를) 여행하다 유 travel 여행; 여행하다

a long **journey** across Africa 아프리카를 가로지르는 긴 여정
They **journeyed** for six months. 그들은 6개월간 여행을 했다.

243
foreign
[fɔ́ːrən]

형 외국의 유 overseas 해외의; 해외로

a **foreign** language 외국어
Have you ever traveled to a **foreign** country?
너는 외국을 여행해 본 적 있니?

*****foreigner** 명 외국인

244
local
[lóukəl]

형 (특정) 지역의, 현지의

a **local** newspaper 지역 신문
I love eating at **local** restaurants. 나는 현지 음식점에서 먹는 것을 아주 좋아한다.
He's famous in the **local** community. 그는 그 지역 사회에서 유명하다.

245
flight
[flait]

명 1. 비행기 여행, 비행 2. 항공편, 항공기

How was your **flight**? 비행기 여행은 어땠니?
miss a **flight** 항공편을 놓치다
a **flight** attendant 기내 승무원

246
airline
[éərlain]

명 항공사

one of the best **airlines** in the world 세계 최고의 항공사 중의 하나
a low-cost **airline** 저가 항공사

247
book
[buk]

동 예약하다, (표를) 예매하다 명 책

book a flight to Paris 파리행 항공편을 예약하다
I **booked** a ticket for the movie. 나는 그 영화표를 예매했다.

248
reserve
[rizə́ːrv]

동 1. 예약하다 2. (따로) 남겨 두다

I'd like to **reserve** a table for two. 두 사람 자리를 예약하고 싶습니다.
This table is **reserved** for special guests.
이 테이블은 특별한 손님들을 위해 따로 남겨 놓은 것이다.

*****reservation** 명 예약

249
cancel
[kǽnsəl]

동 취소하다 = call off

I **canceled** my reservation. 나는 예약을 **취소했다**.
The concert was **canceled**. 그 콘서트는 **취소되었다**.

250
delay
[diléi]

동 지연시키다; 지체하다 명 지연, 지체

My plane was **delayed** by heavy snow. 내 비행기는 폭설로 **지연되었다**.
There's no time to **delay**. **지체할** 시간이 없다.

251
port
[pɔːrt]

명 항구 (도시), 항만, 무역항   유 harbor 항구

The ship is in **port**. 그 배는 **항구**에 정박해 있다.
Hong Kong is one of the busiest **ports**.
홍콩은 가장 붐비는 **항구** 도시 중의 하나이다.

252
passport
[pǽspɔːrt]

명 여권

You should bring your **passport**. 너는 **여권**을 가지고 와야 한다.
Can I see your **passport**, please? 당신의 **여권**을 볼 수 있을까요?

253
board
[bɔːrd]

동 1. 승선하다, 탑승하다   2. (비행기·배가) 탑승에 들어가다

board the ship 그 배에 승선하다
Flight KA 152 for Seoul is now **boarding** at Gate 7.
서울행 KA 152 항공편은 지금 7번 게이트에서 **탑승 중**입니다.

254
depart
[dipáːrt]

동 떠나다, 출발하다   유 leave 떠나다

Flights for Rome **depart** from Terminal 2.
로마행 항공편은 2터미널에서 **출발한다**.

*departure 명 출발

255
arrive
[əráiv]

동 도착하다

What time does the plane **arrive** in Seoul?
그 비행기는 몇 시에 서울에 **도착하나요**?
He **arrived** in London at 2 a.m. 그는 새벽 2시에 런던에 **도착했다**.

*arrival 명 도착

256
reach
[riːtʃ]

동 1. (~에) 이르다, 도착하다   2. (손이) 닿다

We **reached** there around 10 p.m. 우리는 거기에 오후 10시쯤 **도착했다**.
The beach can only be **reached** by boat.
그 해변은 배로만 **다다를** 수 있다.
I couldn't **reach** the rope. 나는 그 로프에 **손이 닿지** 않았다.

DAY 13

257
finally [fáinəli]

㉾ 1. 드디어, 마침내 = at last 2. 끝으로, 마지막으로 = lastly

We **finally** arrived home. 우리는 마침내 집에 도착했다.
Finally, I'd like to thank you all.
끝으로 여러분 모두에게 감사를 드리고 싶습니다.

258
land [lænd]

㉾ 착륙하다, 상륙하다 ㉾ 육지, 땅

The plane **landed** safely. 그 비행기는 안전하게 착륙했다.
land on the moon 달에 착륙하다

259
be going to

~할 예정이다, ~하려고 하다

What **are** you **going to** do this weekend? 너는 이번 주말에 무엇을 할 거니?
We **are going to** go camping. 우리는 캠핑을 갈 예정이야.

260
get to

~에 도착하다, ~에 도달하다 ㉾ arrive at[in] ~에 도착하다

I'll text you when I **get to** Tokyo. 도쿄에 도착하면 문자 할게.
We **got to** London at 2 a.m. 우리는 새벽 2시에 런던에 도착했다.
It took 12 hours to **get to** Sydney. 시드니까지 가는 데 12시간 걸렸다.

Check Up

A 각 영어 단어의 우리말 뜻을 쓰세요.

1. journey _____   2. foreign _____
3. local _____   4. book _____
5. reserve _____   6. cancel _____
7. delay _____   8. board _____
9. depart _____   10. reach _____
11. finally _____   12. get to _____

B 우리말에 맞게 빈칸에 알맞은 말을 넣으세요.

1. 외국   a _____ country
2. 지역 신문   a _____ newspaper
3. 항공편을 놓치다   miss a _____
4. 두 사람 자리를 예약하다 _____ a table for two
5. 우리는 캠핑을 갈 예정이다. We are _____ to go camping.

Picture Review

● 그림이 나타내는 단어를 <보기>에서 골라, 우리말 뜻과 함께 쓰세요.

1.
2.
3.
4.
5.
6.
7.
8.

flight
tour
cancel
book
passport
land
board
port

DAY 14

Listen & Say 1 2 3

261
state
[steit]

명 1. 국가, 나라 = country 2. (미국 등의) 주(州) 3. 상태

The United **States** is made up of 50 **states**.
미합중국은 50개의 주로 이루어져 있다.
After the accident, I was in a **state** of shock.
그 사고 후 나는 쇼크 상태였다.

262
capital
[kǽpitl]

명 1. 수도, 중심지 2. 자본금 3. (알파벳의) 대문자

the **capital** of the United States of America 미국의 수도
Hollywood is the **capital** of the movie industry.
할리우드는 영화 산업의 중심지이다.
a **capital** letter 대문자

263
peaceful
[píːsfəl]

형 평화로운, 평화적인

a **peaceful** countryside 평화로운 시골 지역
*peace 명 평화

264
region
[ríːdʒən]

명 지방, 지역 유 area 지역, 구역

the desert **regions** 사막 지방
the most peaceful **region** in the world 세계에서 가장 평화로운 지역

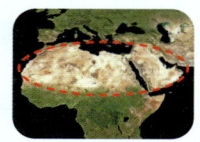

265
entire
[intáiər]

형 전체의, 온 반 partial 부분적인

He ate an **entire** pizza. 그는 피자 한 판을 전부 다 먹었다.
spread to the **entire** country 온 나라에 퍼지다
The **entire** village was destroyed. 마을 전체가 파괴되었다.

266
whole
[houl]

형 전체의, 모든, 온전한

He ate a **whole** cake. 그는 케이크를 통째로 다 먹었다.
He spent the **whole** day writing. 그는 온종일 글을 쓰며 보냈다.

267
native
[néitiv]

형 출생지의, 토박이의 명 (~에서) 태어난 사람, 원주민

a **native** speaker of English 영어가 모국어인 사람
He is a **native** of Switzerland. 그는 스위스 태생이다.
Native Americans 아메리카 원주민들

268
tradition
[trədíʃən]

명 전통

follow a **tradition** 전통을 따르다
a **tradition** of eating turkey on Christmas
크리스마스에 칠면조를 먹는 전통
*traditional 형 전통의

269
background [bǽkgraund]

명 1. (사람의) 배경 2. (일의) 배경, 배후 사정 3. (사진 등의) 배경

a person's family **background**   어떤 사람의 집안 **배경**
the historical **background** to the war   그 전쟁의 역사적 **배경**

270
knowledge [nálidʒ]

명 1. 지식 2. 인식, 이해

learn background **knowledge**   배경 **지식**을 익히다
*know 동 알다

271
adventure [ædvéntʃər]

명 모험, 모험심

have a great **adventure**   멋진 **모험**을 하다
We had some exciting **adventures**.   우리는 신나는 **모험**을 했다.

272
coast [koust]

명 해안, 연안

The ship sailed along the **coast**.   그 배는 **해안**을 따라 항해했다.

273
expect [ikspékt]

동 1. 기대하다, 예상하다 2. (예정되어 있는 것을) 기다리다

I was **expecting** great adventures.   나는 멋진 모험을 **기대하고** 있었다.
Snow is **expected** tonight.   오늘 밤에 눈이 올 것으로 **예상된다**.
I'm **expecting** visitors from LA.   나는 LA에서 올 손님들을 **기다리고 있다**.
*expectation 명 기대, 예상

274
experience [ikspíəriəns]

동 경험하다, 겪다 명 경험, 체험

We **experienced** a lot of difficulty.   우리는 많은 어려움을 **겪었다**.
It was a good **experience**.   그것은 좋은 **경험**이었다.

275
rail [reil]

명 1. (철도의) 레일 2. 기차, 철도 3. 난간

expect better **rail** service   더 나은 **철도** 서비스를 기대하다
travel by **rail**   **기차**로 여행하다
*railway 명 철로, 철길, 철도

276
station [stéiʃən]

명 1. (기차)역 2. (버스) 정거장 3. (특정한) 장소, 건물
*terminal (공항) 터미널, 종착역

I get off at the next **station**.   저는 다음 **역**에서 내려요.
a subway **station**   지하철역
a police **station**   경찰서

277
bump
[bʌmp]

⑧ (~에 쾅) 부딪치다, (~을) 들이받다

I **bumped** my head on the rail. 나는 난간에 머리를 부딪쳤다.
His car **bumped** into a tree. 그의 차는 나무를 들이받았다.

278
crash
[kræʃ]

⑧ 충돌하다, 추락하다 ⑲ (자동차의) 충돌, (비행기의) 추락 사고

The car **crashed** into the train. 그 자동차는 기차와 충돌했다.
a plane **crash** 비행기 추락 사고

279
stop by

(지나는 길에) 잠시 들르다 = drop by

I'll **stop by** this evening. 오늘 저녁에 잠깐 들를게.
She **stopped by** the store. 그녀는 가게에 잠깐 들렀다.

280
bump into

~와 우연히 마주치다 = run into

I **bumped into** John this morning. 나는 오늘 아침에 존과 우연히 마주쳤다.
He **bumped into** her on the subway. 그는 지하철에서 그녀와 우연히 마주쳤다.

Check Up

A 각 영어 단어의 우리말 뜻을 쓰세요.

1. state _____
2. capital _____
3. peaceful _____
4. region _____
5. entire _____
6. background _____
7. knowledge _____
8. adventure _____
9. expect _____
10. experience _____
11. crash _____
12. stop by _____

B 우리말에 맞게 빈칸에 알맞은 말을 넣으세요.

1. 온 나라에 퍼지다   spread to the _____ country
2. 영어가 모국어인 사람   a _____ speaker of English
3. 전통을 따르다   follow a _____
4. 배경 지식을 익히다   learn background _____
5. 나는 어제 그와 우연히 마주쳤다.   I _____ into him yesterday.

Picture Review

● 그림이 나타내는 단어를 <보기>에서 골라, 우리말 뜻과 함께 쓰세요.

1.
2.

coast

whole

tradition

capital

crash

station

peaceful

rail

3.
4.

5.
6.

7.
8.

DAY 15

Listen & Say 1 2 3

281 product [prádʌkt]
명 생산물, 상품, 제품 유 goods 상품, 물품
a new **product** 신상품, 신제품
This **product** can be used on wet hair.
이 제품은 젖은 머리에 사용할 수 있다.
*produce 동 생산하다

282 item [áitəm]
명 1. 물품, 품목 유 thing 물건, 사물 2. (목록의) 항목
She bought some expensive **items**. 그녀는 고가품들을 좀 샀다.
the last **item** on the list 목록의 마지막 항목

283 sale [seil]
명 1. 판매 2. 세일, 할인 판매
Is this painting for **sale**? 이 그림 판매하나요?
Sorry, but it's not for **sale**. 죄송하지만, 그건 판매용이 아닙니다.
These items are on **sale**. 이 제품들은 할인 판매 중입니다.
*sell 동 팔다; 팔리다

284 discount [dískaunt]
명 할인 동 [diskáunt] 할인하다
Do you give any **discounts**? 할인을 좀 해 주시나요?
During the sale, all items will be **discounted** by 20%.
할인 기간에는 모든 품목이 20% 할인됩니다.

285 price [prais]
명 값, 가격 동 ~에 값을 매기다 유 cost 비용; (비용이) ~이다
a **price** tag 가격표
These goods are **priced** too high. 이 상품들은 값이 너무 높게 매겨져 있다.

286 purchase [pə́ːrtʃəs]
명 구입, 구매 동 구입하다, 구매하다 유 buy 사다 반 sell 팔다
make a **purchase** 구매를 하다
She **purchased** a new computer. 그녀는 새 컴퓨터를 구입했다.

287 expensive [ikspénsiv]
형 비싼, 돈이 많이 드는 반 inexpensive 비싸지 않은
This car is more **expensive** than yours. 이 차가 네 차보다 더 비싸다.
the most **expensive** restaurant in town 동네에서 가장 비싼 식당

288 cheap [tʃiːp]
형 싼, 돈이 적게 드는
Which one is **cheap**er? 어느 것이 더 싼가요?
the **cheap**est TV on the market 시장에서 가장 싼 TV

289
average
[ǽvəridʒ]

형 1. 평균의 2. 보통의, 평범한 명 평균

an **average** price 평균 가격
I was just an **average** student. 나는 그냥 **평범한** 학생이었다.
The **average** of 3, 4, and 5 is 4. 3, 4, 5의 **평균**은 4이다.

290
normal
[nɔ́:rməl]

형 보통의, 평범한, 정상적인 유 ordinary 보통의, 평범한 명 보통, 정상

I just want to lead a **normal** life. 나는 그저 **평범한** 삶을 살고 싶다.
return to **normal** 정상으로 되돌아가다

291
tax
[tæks]

명 세금 동 세금을 부과하다 *duty (국내 유입 물품에 대한) 세금, 의무

pay a **tax** 세금을 내다
Does the price include **tax**? 이 가격은 세금 포함인가요?
tax the rich 부자들에게 세금을 부과하다

*tax-free 형 면세가 되는

292
choice
[tʃɔis]

명 선택, 선택권 유 pick 고르기, 선택

You made the right **choice**. 당신은 옳은 **선택**을 했다.
I had no **choice** but to follow.
나는 따르는 수밖에 없었다(따르는 것 외에 **선택권**이 없었다).

*choose 동 선택하다

293
spend
[spend]

동 1. (돈을) 쓰다, 소비하다 2. (시간을) 보내다 (spent-spent)

She **spends** a lot of money on clothes. 그녀는 옷에 많은 돈을 **쓴다**.
We **spent** the weekend on the island. 우리는 그 섬에서 주말을 **보냈다**.

294
consume
[kənsú:m]

동 1. (시간·돈·연료 등을) 소비하다, 소모하다 2. 먹다, 마시다

My car **consumes** a lot of gas. 내 차는 휘발유를 아주 많이 **소비한다**.
time-**consuming** work 시간이 많이 걸리는 일
People **consume** too much sugar. 사람들은 너무 많은 설탕을 **먹는다**.

*consumer 명 소비자

295
earn
[ə:rn]

동 (돈을) 벌다

Most people work to **earn** money. 대부분의 사람들은 돈을 **벌기** 위해 일한다.
He **earns** $80,000 a year. 그는 1년에 8만 달러를 **번다**.

296
get
[get]

동 1. 얻다, 입수하다 2. 받다, 벌다 (got-gotten) 유 gain 얻다, 벌다

get information 정보를 얻다
How much do you **get** an hour? 너는 시간당 얼마를 **버니**?
She **gets** more than I do. 그녀는 나보다 더 많이 **번다**.

297
annual [ǽnjuəl]

형 매년의, 연간의

an **annual** report 연례 보고서
an **annual** event 연례 행사

298
salary [sǽləri]

명 (매달 지급되는) 급여, 봉급, 월급 유 wage (시급·주급 등 단기적인) 임금

get a **salary** 월급을 받다
Her annual **salary** is about $75,000. 그녀의 연봉은 약 7만 5천 달러이다.

299
get a discount

할인을 받다

Can I **get a discount**? 할인 좀 받을 수 있나요?
Members **get a** 10% **discount**. 회원은 10% 할인을 받는다.

300
get paid

급여를 받다

Do you **get paid** weekly or monthly? 당신은 주급을 받나요, 월급을 받나요?
I **get paid** weekly. 나는 주급으로 받는다.

Check Up

A 각 영어 단어의 우리말 뜻을 쓰세요.

1. product _____
2. item _____
3. sale _____
4. price _____
5. purchase _____
6. average _____
7. normal _____
8. spend _____
9. consume _____
10. get _____
11. annual _____
12. get paid _____

B 우리말에 맞게 빈칸에 알맞은 말을 넣으세요.

1. 평균 가격   an _____ price
2. 세금을 내다   pay a _____
3. 돈을 벌다   _____ money
4. 할인을 받다   get a _____
5. 이 제품들은 할인 판매 중이다.   These items are _____.

Picture Review

● 그림이 나타내는 단어를 <보기>에서 골라, 우리말 뜻과 함께 쓰세요.

| product | purchase | price | discount | annual | expensive | salary | cheap |

1.

2.

3.

4.

5.

6.

7.

8.

DAY 15　77

DAY 16

Listen & Say 1 2 3

301
income
[ínkʌm]

명 소득, 수입

people with high **incomes** 소득이 높은 사람들, 고소득자들
His annual **income** is around $100,000.
그의 연간 **소득**은 약 10만 달러이다.

302
expense
[ikspéns]

명 비용, 지출   유 spending 지출

save on living **expenses** 생활비를 아끼다
We need to cut down on our **expenses**.
우리는 **지출**을 줄일 필요가 있다.

*expensive 형 비싼

303
budget
[bʌ́dʒit]

명 예산, (지출 예상) 비용

make an annual **budget** 연간 예산을 짜다
a low-**budget** movie 저예산 영화

304
debt
[det]

명 빚, 부채

have no **debts** 빚이 없다
The company is deep in **debt**. 그 회사는 많은 **부채**가 있다.

305
offer
[ɔ́:fər]

동 1. 제안하다 유 suggest 제안하다 2. 제공하다 명 제안, 제의

They **offered** him a good job. 그들은 그에게 좋은 일자리를 제안했다.
offer a free breakfast to guests 손님들에게 무료 아침을 제공하다

306
accept
[æksépt]

동 받아들이다, 수락하다 유 take 받다, 받아들이다

I **accepted** his offer. 나는 그의 제안을 받아들였다.
Do you **accept** credit cards? 신용 카드를 받으시나요?

307
increase
[inkríːs]

동 증가하다, 인상되다; 인상하다 명 [ínkriːs] 증가, 인상

The price of gas **increased**. 휘발유 가격이 인상되었다.
They **increased** the price of gas. 그들은 휘발유 가격을 인상했다.
a 10-percent salary **increase** 10퍼센트의 급여 인상

308
decrease
[dikríːs]

동 줄다; 줄이다 명 [díːkriːs] 감소, 하락

Car sales **decreased** sharply this year.
올해 자동차 판매가 급격히 줄었다.

309
grocery
[ɡróusəri]

명 1. (-ies) 식료품 2. 식료품점 유 supermarket 슈퍼마켓

buy some **groceries** 식료품을 사다
I'm going **grocery** shopping. 나는 식료품을 사러 갈 예정이다.

310
counter
[káuntər]

명 계산대, 판매대

There was nobody behind the **counter**. 계산대에는 아무도 없었다.
line up at the ticket **counter** 매표 창구 앞에 줄을 서다

311
cashier
[kæʃíər]

명 (호텔·상점 등의) 출납계, 계산원

a supermarket **cashier** 슈퍼마켓 계산원[출납계]
She worked as a **cashier** in a grocery store.
그녀는 식료품점의 계산원으로 일했다.

312
clerk
[klə:rk]

명 점원, 직원

the **clerk** at the counter 계산대의 점원
an office **clerk** 사무원

313
receipt
[risí:t]

명 영수증

Can I have the **receipt**, please? 영수증 좀 주시겠어요?

314
bill
[bil]

명 1. 고지서, 청구서 2. (영) (식당의) 계산서 유 check (미) 계산서, 수표
　　 3. 지폐

the gas **bill** 가스 요금 고지서
Could we have the **bill**, please? 계산서 좀 주시겠어요?
a ten-dollar **bill** 10달러짜리 지폐

315
compare
[kəmpéər]

동 1. 비교하다 2. 비유하다

Let's **compare** prices on the websites. 웹사이트에서 가격을 비교해 보자.
Don't **compare** me with others. 나를 다른 사람들과 비교하지 마.
compare the world to a stage 세상을 무대에 비유하다

316
complain
[kəmpléin]

동 불평하다, 항의하다

They **complained** about the service. 그들은 그 서비스에 대해 불평했다.
I'm going to **complain** to the manager. 매니저에게 항의를 해야겠다.

317
return [rité:rn]

동 1. 돌아오다[가다] = come back 2. 반납하다 명 1. 돌아옴 2. 반납

return home 집으로 돌아오다[가다]
I **returned** the book to him. 나는 그에게 책을 돌려주었다.
Can I **return** this blouse, please? 이 블라우스를 반품할 수 있을까요?

318
refund [rifÁnd]

동 환불하다, 반환하다 명 [rí:fʌnd] 환불(금)

If the concert is canceled, tickets will be **refunded**.
만약 콘서트가 취소되면 티켓은 **환불될** 것이다.
Can I get a **refund** on this bag? 이 가방에 대해 **환불**을 받을 수 있을까요?
receive a tax **refund** 세금 환급을 받다

319
on one's way (to)

(~로) 가는 길에, 도중에

I'm **on my way** home. 나는 집에 가는 길이다.
He met her **on his way to** work. 그는 출근하는 길에 그녀를 만났다.

320
in return (for)

(~에 대한) 답례로, 보답으로

Can I buy you lunch **in return for** your help? 도와준 답례로 제가 당신에게 점심을 사도 될까요?
I bought him dinner **in return for** his kindness.
그의 친절에 대한 답례로 나는 그에게 저녁을 샀다.

Check Up

A 각 영어 단어의 우리말 뜻을 쓰세요.

1. income _____   2. expense _____
3. budget _____   4. debt _____
5. offer _____   6. accept _____
7. increase _____ 8. compare _____
9. complain _____ 10. return _____
11. refund _____ 12. in return (for) _____

B 우리말에 맞게 빈칸에 알맞은 말을 넣으세요.

1. 연간 예산을 짜다   make an annual _____
2. 빚이 없다   have no _____
3. 식료품을 사다   buy some _____
4. 환불을 받다   get a _____
5. 나는 집에 가는 길이다. I'm _____ home.

Picture Review

● 그림이 나타내는 단어를 <보기>에서 골라, 우리말 뜻과 함께 쓰세요.

1.

2.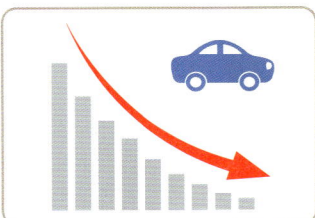

3.

4.

5.

6.

7.

8.

decrease

increase

counter

cashier

grocery

bill

compare

receipt

DAY 16

Review Test 04

DAY 13-16

A 그림을 보고, 빈칸에 들어갈 알맞은 알파벳을 쓰세요.

1.
gro_____

2.
sa_____

3.
ex_____

4.
expens____

5.
capi____

6.
nor____

7.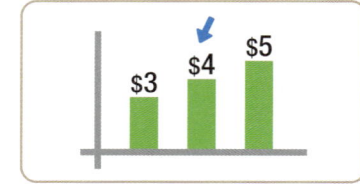
ave_____

8.
know_____

9.
bu_____

10.
de___

B 그림을 보고, 빈칸에 알맞은 단어를 넣으세요.

> passport   journey   foreign   product   experience   receipt

1. journey
2. foreign
3. passport
4. experience
5. product
6. receipt

C 우리말과 같은 뜻이 되도록 빈칸에 알맞은 단어/숙어를 넣으세요.

> compare   tradition   flight   Native   on my way

1. 항공편을 놓치다 — miss a __flight__
2. 전통을 따르다 — follow a __tradition__
3. 아메리카 원주민들 — __Native__ Americans
4. 세상을 무대에 비유하다 — __compare__ the world to a stage
5. 집에 가는 길에 — __on my way__ home

D 주어진 단어와 반대의 뜻을 가진 단어를 <보기>에서 골라 쓰세요.

| purchase | expense | depart | decrease |

1. arrive _____
2. sell _____
3. income _____
4. increase _____

E 주어진 단어와 비슷한 뜻을 가진 단어를 <보기>에서 골라 쓰세요.

| reserve | reach | whole | accept |

1. book _____
2. entire _____
3. arrive _____
4. take _____

F 우리말 뜻에 알맞은 단어/숙어를 <보기>에서 골라 문장을 완성하세요.

| going to | expecting | foreign country | delayed by |

1. 너는 외국을 여행해 본 적 있니?
   Have you ever traveled to a _____?

2. 내 비행기는 폭설로 지연되었다.
   My plane was _____ heavy snow.

3. 너는 이번 주말에 무엇을 할 거니?
   What are you _____ do this weekend?

4. 나는 멋진 모험을 기대하고 있었다.
   I was _____ great adventures.

G 읽을 수 있는 단어에 체크한 후, 우리말 뜻을 빈칸에 써 보세요.

□ journey _____	□ product _____
□ foreign _____	□ item _____
□ local _____	□ sale _____
□ book _____	□ price _____
□ reserve _____	□ purchase _____
□ cancel _____	□ average _____
□ delay _____	□ spend _____
□ board _____	□ consume _____
□ depart _____	□ get _____
□ reach _____	□ annual _____
□ state _____	□ income _____
□ capital _____	□ expense _____
□ peaceful _____	□ budget _____
□ region _____	□ offer _____
□ background _____	□ accept _____
□ knowledge _____	□ increase _____
□ adventure _____	□ receipt _____
□ expect _____	□ compare _____
□ experience _____	□ complain _____
□ crash _____	□ refund _____

DAY 17

Listen & Say 1 2 3

321
life
[laif]

명 1. 인생, 삶 2. 생명, 목숨 *복수형 lives

I have lived here all my **life**. 나는 평생을 여기서 살아왔다.
She lost her **life** in the accident. 그녀는 그 사고로 **목숨**을 잃었다.

322
cycle
[saikl]

명 1. 순환, 주기 2. 자전거

the **cycle** of the seasons 계절의 순환
the life **cycle** of a human 인간의 생애 주기

323
born
[bɔːrn]

동 (be born) 태어나다 형 타고난, 천부적인

I was **born** in 2012. 나는 2012년에 **태어났다**.
Stevie Wonder was **born** blind. 스티비 원더는 시각 장애인으로 **태어났다**.
He is a **born** musician. 그는 **타고난** 음악가이다.
*birth 명 탄생, 출생

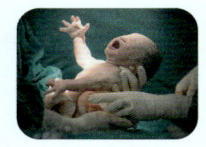

324
die
[dai]

동 1. 죽다 2. 사라지다, 없어지다

He **died** of a heart attack. 그는 심장 마비로 **죽었다**.
Our love will never **die**. 우리 사랑은 절대 **죽지** 않을 것이다.
*death 명 죽음

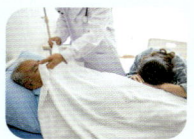

325
continue
[kəntínjuː]

동 (쉬지 않고) 계속하다; 계속되다 = keep on, go on

The cycle of life and death **continues**. 생과 사의 순환은 **계속된다**.
The rain **continued** to fall all afternoon. 비는 오후 내내 **계속해서** 내렸다.

326
last
[læst]

동 (특정 시간 동안) 계속되다, 지속되다 형 마지막의, 지난

The meeting **lasted** two hours. 회의는 두 시간 동안 **계속되었다**.
the **last** train to London 런던으로 가는 마지막 기차
last Christmas 지난 크리스마스 (때)

327
raise
[reiz]

동 1. 키우다, 기르다 2. (들어) 올리다 3. 인상하다 *rise (위로) 올라가다

raise a child 아이를 기르다
Raise your hand if you have a question. 질문이 있으면 손을 드세요.
They plan to **raise** prices. 그들은 가격을 올릴 계획이다.

328
manage
[mǽnidʒ]

동 1. 간신히 해내다 2. 경영하다, 관리하다

I'll **manage** it somehow. 어떻게든 해 보겠다.
I **managed** to pass the exam. 나는 간신히 시험에 통과**했다**.
manage a hotel 호텔을 운영하다[관리하다]
*management 명 관리 *manager 명 경영자, 관리자, 매니저

329
own
[oun]

동 소유하다 형 (소유격 뒤에서) ~ 자신의

He **owns** a house in Seoul. 그는 서울에 집을 소유하고 있다.
I want to have my **own** house. 나는 내 (자신의) 집을 갖고 싶다.
Bring your **own** lunch. 각자 (자신의) 점심을 가져오세요.

*owner 명 주인, 소유자

330
belong
[bilɔ́ːŋ]

동 1. (~에) 속하다, (~의) 소유이다 2. 제자리에 있다

The book **belongs** to me. 그 책은 내 것이다.
Put the chair back where it **belongs**. 그 의자를 제자리에 갖다 놓아라.

*belongings 명 소유물, 소지품

331
explain
[ikspléin]

동 1. 설명하다 2. 이유를 대다, 해명하다

He **explained** the rules of the game. 그는 그 게임의 규칙을 설명했다.
She **explained** why she was so late. 그녀는 왜 그렇게 늦었는지 해명했다.

332
express
[iksprés]

동 (감정·의견 등을) 표현하다, 나타내다

express one's feelings (누구의) 감정을 나타내다
Words can't **express** how happy I am.
내가 얼마나 행복한지 말로는 표현할 수가 없다.

*expression 명 표현, 표출

333
excuse
[ikskjúːz]

동 1. 용서하다, 봐주다 2. 변명하다 명 [ikskjúːs] 변명, 핑계

Please **excuse** me for being late. 늦어서 죄송합니다.
Late again! What's your **excuse** this time?
또 지각이야! 이번엔 무슨 핑계를 댈 거니?

334
pardon
[pɑːrdn]

동 용서하다, 눈감아주다 명 용서; (죄인에 대한) 사면

Pardon me? 네, 뭐라고 하셨죠? (죄송하지만, 다시 한번 말씀해 주시겠어요?)
I beg your **pardon**? 죄송하지만, 다시 한번 말씀해 주시겠어요?
He received an official **pardon**. 그는 공식적인 사면을 받았다.

335
forgive
[fərgív]

동 용서하다, 너그러이 봐주다 (forgave–forgiven)

Please **forgive** my mistake. 제 실수를 용서해 주세요.
She **forgave** him. 그녀는 그를 용서했다.

336
able
[eibl]

형 1. ~할 수 있는 반 unable ~할 수 없는 2. 재능 있는, 능력 있는

Now, he is **able** to laugh again. 이제 그는 다시 웃을 수 있다.
He is an **able** student. 그는 재능 있는 학생이다.

337
smoke [smouk]

명 연기 동 담배를 피우다, 흡연하다

The house was filled with **smoke**. 그 집은 연기로 가득 차 있었다.
You can't **smoke** here. 너는 이곳에서 담배를 피울 수 없다.
*smoking 명 흡연

338
allow [əláu]

동 허락하다, 허용하다 유 let (~하도록) 놓아두다, 허락하다

My parents **allowed** me to go to the concert.
우리 부모님은 내가 그 콘서트에 가는 걸 허락하셨다.
Smoking is not **allowed** here. 여기서 흡연은 허용되지 않는다(금연이다).

339
be able to

~할 수 있다 = can

Will you **be able to** come? 너 올 수 있겠니?
I **was able to** find the book in the library. 나는 그 책을 도서관에서 찾을 수 있었다.

340
be about to

막 ~하려고 하다, 막 ~하려는 참이다

We **are about to** have dinner. 우리는 저녁을 먹으려는 참이다.
The train **was about to** leave. 기차는 막 떠나려고 했다.

Check Up

A 각 영어 단어의 우리말 뜻을 쓰세요.

1. life _____
2. continue _____
3. last _____
4. manage _____
5. own _____
6. explain _____
7. express _____
8. excuse _____
9. pardon _____
10. forgive _____
11. allow _____
12. be able to _____

B 우리말에 맞게 빈칸에 알맞은 말을 넣으세요.

1. 태어나다   be _____
2. 계속해서 내리다   _____ to fall
3. 두 시간 동안 계속되다 _____ two hours
4. 여기서 흡연은 허용되지 않는다. Smoking is not _____ here.
5. 기차는 막 떠나려고 했다. The train was _____ leave.

Picture Review

- 그림이 나타내는 단어를 <보기>에서 골라, 우리말 뜻과 함께 쓰세요.

1.

2.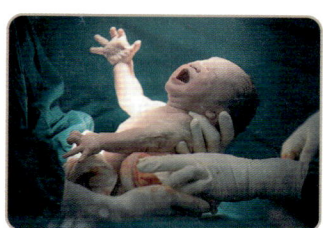

3.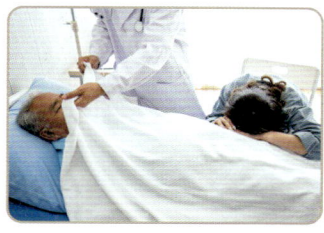

4.

5.

6.

7.

8.

raise

belong

born

cycle

forgive

smoke

die

express

DAY 18

Listen & Say 1 2 3

341
sick
[sik]

휑 1. 아픈, 병든 반 healthy 건강한 2. (속이) 메스꺼운 3. (~이) 지긋지긋한

get **sick** 아프다, 병이 나다
I got **sick** and couldn't go. 나는 아파서 갈 수가 없었다.
Mom, I feel **sick**. 엄마, 나 속이 메스꺼워요.

342
ill
[il]

휑 병든, 건강이 나쁜 무 나쁘게, 가혹하게 = badly

His mother is very **ill**. 그의 어머니는 아주 편찮으시다.
She feels **ill** today. 그녀는 오늘 몸이 안 좋다.
He treated her very **ill**. 그는 그녀를 아주 나쁘게 대했다.

*illness 명 병, 아픔

343
fever
[fí:vər]

명 1. 열, 열병 2. 흥분 (상태), 열기

have a **fever** 열이 나다
World Cup soccer **fever** is sweeping the country.
월드컵 축구 열기가 전국을 휩쓸고 있다.

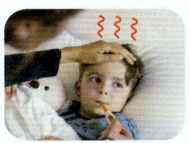

344
cough
[kɔ:f]

명 기침 동 기침하다

have a **cough** 기침이 나다
I couldn't stop **coughing**. 나는 기침을 멈출 수가 없었다.

345
pain
[pein]

명 고통, 통증 동 고통스럽게 하다 유 hurt 아프게 하다, 아프다

He felt a sharp **pain** in his knee. 그는 무릎에 날카로운 통증을 느꼈다.
No **pain**, no gain. 고통 없이 얻어지는 것은 없다.
It **pains** me to say it. 이런 말 하려니 마음이 아프다.

*painful 휑 아픈, 고통스러운

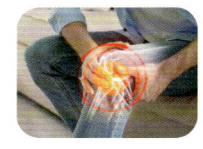

346
ache
[eik]

명 (계속적인) 아픔, 통증 동 아프다, 쑤시다

muscle **aches** 근육통
I have an **ache** in my back. 나는 등에 통증이 있다(등이 아프다).
I'm **aching** all over. 난 온몸이 쑤셔.

347
headache
[hédeik]

명 1. 두통 2. 골칫거리

have a **headache** 두통이 있다
He was a big **headache** for them. 그는 그들에게 큰 골칫거리였다.

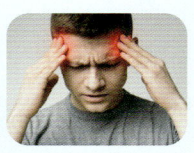

348
stomach
[stʌ́mək]

명 위, 복부, 배

have **stomach** pain 위통이 있다
My **stomach** hurts. 배가 아파요.

*stomachache 명 복통

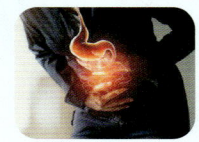

349
sore
[sɔːr]

형 (염증 등으로) 아픈, 따가운   유 painful 아픈

Her feet were **sore** after the walk. 걷고 나니 그녀는 발이 **아팠다**.
I've got a **sore** back. 나는 등이 **아프다**.

350
throat
[θrout]

명 목구멍, 목

She has a sore **throat**. 그녀는 **목**이 아프다[따갑다].

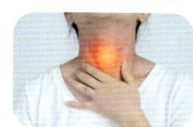

351
health
[helθ]

명 건강, 건강한 상태

Regular exercise is good for your **health**.
규칙적인 운동은 **건강**에 좋다.
He is in bad **health**. 그는 **건강**이 좋지 않다.
*healthy 형 건강한

352
disease
[dizíːz]

명 병, 질병

a common **disease**   흔한 **병**
My father has heart **disease**. 우리 아버지는 심장**병**이 있다.

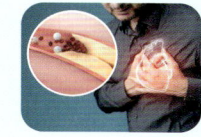

353
medicine
[médisn]

명 1. 약, 내복약   2. 의학, 의술

It's time to take your **medicine**. 너 **약** 먹을 시간이다.
She is studying **medicine**. 그녀는 **의학**을 공부하고 있다.

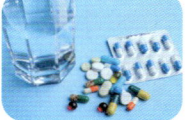

354
drug
[drʌg]

명 1. 약, 의약품   유 pill 알약   2. (불법적인) 약물, 마약

pain-killing **drugs**   진통제
drug companies   제약 회사
He does not smoke or take **drugs**. 그는 담배나 **마약**을 하지 않는다.
*drugstore 명 약국   *pharmacy 명 약국, 조제실

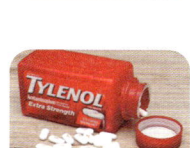

355
suffer
[sʌ́fər]

동 1. (질병 등에) 시달리다, 고통받다   2. (고통 등을) 겪다

suffer from a bad headache   심한 두통에 **시달리다**
suffer a heart attack   심장 마비를 **겪다**

356
cure
[kjuər]

동 치료하다, 치유하다   유 treat 치료하다   명 치료, 치료법

The disease can be **cured**. 그 병은 **치료될** 수 있다.
There is still no **cure** for AIDS. 에이즈에는 아직 **치료법**이 없다.

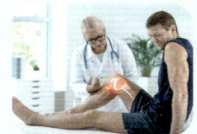

357
brain
[brein]

명 1. 뇌 2. (-s) 머리, 지능

The human **brain** is amazing. 인간의 **뇌**는 아주 놀랍다.
have no **brains**   머리가 나쁘다(생각이 없다. 멍청하다)

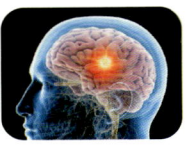

358
blood
[blʌd]

명 피, 혈액

lose a lot of **blood**   많은 **피**를 흘리다
What's your **blood** type? 네 **혈액**형은 뭐니?

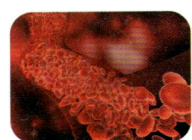

359
sick of / sick and tired of

~에 지친[질린] / ~이 지긋지긋한[넌더리 나는]

I'm **sick of** your excuses. 난 네 변명에 질렸다.
I'm **sick and tired of** your complaining. 나는 네 불평에 넌더리가 난다.

360
have a cold / catch a cold

감기에 걸리다 (걸려 있는 상태) / 감기에 걸리다 (걸리는 상황)

I **have a cold**. 나 감기에 걸렸어.
He can't smell because he **has a cold**. 그는 감기에 걸려서 냄새를 맡을 수 없다.
Be careful not to **catch a cold**. 감기 걸리지 않도록 조심해.

Check Up

A 각 영어 단어의 우리말 뜻을 쓰세요.

1. sick _____
2. ill _____
3. fever _____
4. pain _____
5. ache _____
6. headache _____
7. sore _____
8. disease _____
9. medicine _____
10. drug _____
11. suffer _____
12. cure _____

B 우리말에 맞게 빈칸에 알맞은 말을 넣으세요.

1. 기침이 나다   have a _____
2. 감기에 걸리다   have a _____
3. 흔한 병   a common _____
4. 심한 두통에 시달리다 _____ from a bad headache
5. 난 네 변명에 질렸다. I'm _____ your excuses.

Picture Review

● 그림이 나타내는 단어를 <보기>에서 골라, 우리말 뜻과 함께 쓰세요.

1.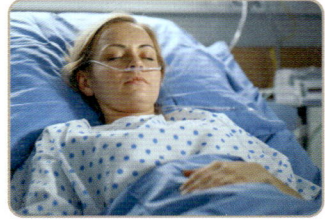

2.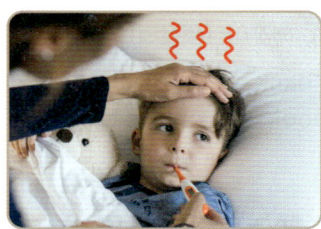

3.

4.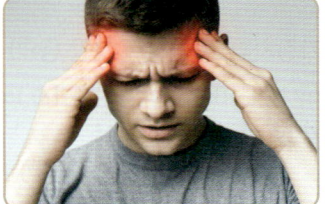

| headache |
| ill |
| fever |
| stomach |
| cough |
| blood |
| medicine |
| brain |

5.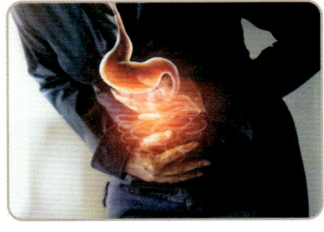

6.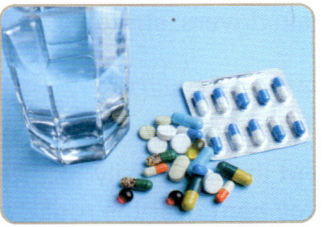

7.

8.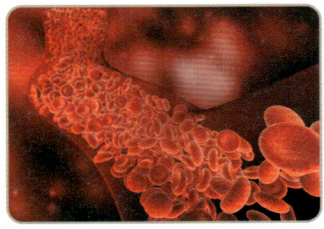

DAY 19

Listen & Say 1 2 3

361
ceiling
[síːliŋ]

명 천장

a room with a high **ceiling** 높은 천장을 가진 방
The kitchen **ceiling** needs painting. 부엌 천장은 페인팅이 필요하다.

362
shelf
[ʃelf]

명 선반, 책꽂이, (책장의) 칸 *복수형 shelves 유 bookshelf 책장

Put it back on the **shelf**. 그것을 선반에 다시 갖다 놓아라.
The book was on the top **shelf**. 그 책은 (책장) 맨 위 칸에 있었다.

363
frame
[freim]

명 1. 틀, 테두리 2. 뼈대, 골조 동 틀[액자]에 넣다

a picture **frame** 사진틀, 그림 액자
the **frame** of a house 집의 뼈대[골조]
She **framed** her baby's picture. 그녀는 아기 사진을 액자에 넣었다.

364
edge
[edʒ]

명 1. 가장자리, 모서리 2. (칼 등의) 날

I hit my leg on the **edge** of the table. 나는 탁자 모서리에 다리를 부딪쳤다.
the **edge** of a knife 칼날

365
strike
[straik]

동 치다, 때리다 (struck-struck) 유 hit 치다 명 파업

A hurricane **struck** the island. 허리케인이 그 섬을 강타했다.
The tree was **struck** by lightning. 그 나무는 벼락을 맞았다.
the train drivers' **strike** 기차 기관사들의 파업

366
bend
[bend]

동 1. 구부리다; 구부러지다 2. (몸을) 굽히다, 숙이다 (bent-bent)
*twist 비틀다, 구부리다

He **bent** the wire easily. 그는 쉽게 철사를 구부렸다.
The tree **bent** over the roof. 그 나무는 지붕 위로 구부러졌다[휘었다].
He **bent** down and picked up the hammer.
그는 몸을 숙여서 그 망치를 집었다.

367
repair
[ripέər]

동 수리하다, 수선하다 명 수리, 보수

We need to **repair** the roof. 우리는 지붕을 수리해야 한다.
The bridge is under **repair**. 그 다리는 보수 중이다.

368
fix
[fiks]

동 1. 수리하다, 고치다 2. 고정시키다 3. (날짜 등을) 정하다

Can you **fix** my bike? 제 자전거를 수리해 줄 수 있나요?
We **fixed** the shelf on the wall. 우리는 그 선반을 벽에 고정시켰다.
fix the date 날짜를 정하다

369
toilet
[tɔ́ilit]

명 1. 화장실 변기 2. (영) (집 안의) 화장실, 공중 화장실
유 bathroom (미) 욕실, 화장실

toilet paper 화장지
flush the **toilet** 변기의 물을 내리다
public **toilets** 공중 화장실

370
restroom
[réstru:m]

명 (미) (식당·극장 등 공공장소의) 화장실

Excuse me. Where is the **restroom**? 실례지만, 화장실이 어디입니까?
You can't smoke in the **restrooms**. 화장실에서 담배를 피울 수 없습니다.

371
vacuum
[vǽkjuəm]

명 1. 진공 2. 진공청소기 = vacuum cleaner
동 진공청소기로 청소하다

vacuum-packed foods 진공 포장된 음식들
I **vacuumed** the carpet. 나는 카펫을 진공청소기로 청소했다.

372
automatic
[ɔ̀:təmǽtik]

형 1. 자동의 2. 기계적인, 무의식적인

an **automatic** robot vacuum cleaner 자동 로봇 진공청소기
automatic doors 자동문
It was an **automatic** reaction. 그것은 무의식적인 반응이었다.
*automatically 부 자동적으로, 무의식적으로

373
dust
[dʌst]

명 먼지, 흙먼지 동 먼지를 털다

The furniture was covered in **dust**. 가구는 먼지에 덮여 있었다.
Did you **dust** the furniture? 가구의 먼지를 털었니?

374
sweep
[swi:p]

동 1. (빗자루 등으로) 쓸다 2. (비바람 등이) 휩쓸고 가다 (swept-swept)

sweep the floor with a broom 빗자루로 바닥을 쓸다
The snowstorm **swept** through the country.
눈보라가 전국을 휩쓸었다.

375
wipe
[waip]

동 (먼지·물기 등을) 닦다, 훔치다

wipe the table with paper towels 종이 타월로 탁자를 닦다

376
rub
[rʌb]

동 문지르다, 문질러 닦다, 비비다

I **rubbed** the table, but it didn't get clean.
나는 그 탁자를 문질렀지만 깨끗해지지 않았다.
Don't **rub** your eyes. 눈을 비비지 마라.

377
fill
[fil]

동 1. (가득) 채우다; 채워지다 2. (구멍 등을) 메우다

fill a bucket with ice   양동이에 얼음을 가득 채우다
The trash can was **filled** with trash.   쓰레기통이 쓰레기로 가득 찼다.

378
empty
[émpti]

형 비어 있는   반 full 가득한, 빈 공간이 없는   동 비우다

an **empty** box   빈 상자
Did you **empty** the trash can?   너 쓰레기통을 비웠니?

379
be filled with

~로 가득 차다, ~로 채워지다   *be full of ~로 가득하다

The bookshelves **are filled with** books.   그 책장은 책으로 가득 차 있다.
The box **is filled with** apples.   그 상자는 사과로 채워져 있다.

380
take out

1. 꺼내다, (밖으로) 내놓다   2. 데리고 가다, 가져가다   *take-out 포장 음식

Can you **take out** the trash?   쓰레기 좀 내다 버려 줄래?
He **took** me **out** to a nice restaurant.   그는 나를 멋진 레스토랑에 데리고 갔다.
Is that to eat in or to **take out**?   안에서 드실 건가요, 아니면 가져가실 건가요?

Check Up

A 각 영어 단어의 우리말 뜻을 쓰세요.

1. strike _____   2. bend _____
3. repair _____   4. fix _____
5. toilet _____   6. restroom _____
7. automatic _____   8. wipe _____
9. rub _____   10. fill _____
11. empty _____   12. be filled with _____

B 우리말에 맞게 빈칸에 알맞은 말을 넣으세요.

1. 칼날   the _____ of a knife
2. 화장지   _____ paper
3. 자동문   _____ doors
4. 빗자루로 바닥을 쓸다   _____ the floor with a broom
5. 쓰레기 좀 내다 버려 줄래? Can you _____ the trash?

Picture Review

● 그림이 나타내는 단어를 <보기>에서 골라, 우리말 뜻과 함께 쓰세요.

1.

2.

3.

4.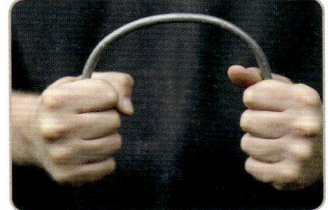

| ceiling |
| bend |
| restroom |
| empty |
| shelf |
| frame |
| dust |
| vacuum |

5.

6.

7.

8.

DAY 20

Listen & Say 1 2 3

381
loose
[luːs]

형 1. (옷이) 헐렁한 2. 헐거운, 느슨한

a **loose** sweater 헐렁한 스웨터
The screw is **loose**. 나사가 헐겁다.

*loosen 동 느슨하게 하다 *loosely 부 느슨하게, 헐겁게

382
tight
[tait]

형 1. (옷이) 꽉 끼는 2. 꽉 조여 있는 부 단단히, 꽉

These jeans are too **tight** for me. 이 청바지는 내게 너무 꽉 낀다.
The screw was so **tight**. 그 나사는 아주 꽉 조여 있었다.
Hold on **tight**, please. 꽉 잡으세요.

*tighten 동 팽팽하게 하다, 꽉 조이다 *tightly 부 단단히, 꽉

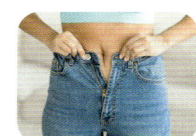

383
fit
[fit]

동 1. 꼭 맞다 2. 적합하다, 어울리다 형 (몸이) 건강한

This coat **fits** me. 이 코트는 내게 꼭 맞는다.
The job **fits** him well. 그 직업은 그에게 잘 어울린다.
He looks very **fit**. 그는 아주 건강해 보인다.

384
suit
[suːt]

동 어울리다, 알맞다 명 정장

Black **suits** you. 검은색이 네게 어울린다.
He wore a black **suit**. 그는 검은색 정장을 입고 있었다.

*suitable 형 알맞은, 적당한

385
button
[bʌ́tən]

명 단추, 버튼 동 단추를 잠그다 반 unbutton 단추를 풀다

A **button** was missing from his shirt. 그의 셔츠에는 단추가 하나 빠져 있었다.
He pressed the "play" **button**. 그는 '시작' 버튼을 눌렀다.
Button up your coat. It's cold. 네 코트 단추를 다 잠가라. 날씨가 춥다.

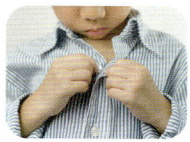

386
belt
[belt]

명 벨트, 허리띠 동 벨트를 매다 *seatbelt 안전벨트

I was so full that I had to loosen my **belt**.
나는 너무 배가 불러서 벨트를 좀 풀어야 했다.
He **belted** his coat tightly. 그는 코트의 벨트를 꽉 맸다.

387
wool
[wul]

명 양털, 양모, 모직

This scarf is 100% **wool**. 이 스카프는 100% 양모이다.
She wore a **wool** sweater. 그녀는 모직 스웨터를 입고 있었다.

388
pocket
[pákit]

명 (호)주머니, 포켓

He took some coins out of his **pocket**. 그는 주머니에서 동전을 몇 개 꺼냈다.
pocket money 영 용돈, 푼돈

학습일: 월 일

389
sheet [ʃiːt]

명 1. 시트 (침대 위에 깔거나 덮는 천) 2. (종이·얇은 판 등의) 한 장

Have you changed the **sheets**? 시트 다 갈았니?
a **sheet** of paper 종이 한 장

390
blanket [blǽŋkit]

명 담요 동 (완전히) 뒤덮다

an electric **blanket** 전기 담요
The ground was **blanketed** with snow.
땅바닥은 눈으로 뒤덮여 있었다.

391
laundry [lɔ́:ndri]

명 1. 세탁물 2. 세탁, 세탁일 *복수형 laundries

do the **laundry** 세탁을 하다
There's a washing machine in the **laundry** room.
세탁실에는 세탁기가 있다.

392
hang [hæŋ]

동 걸다, 매달다; 걸리다, 매달리다 (hung-hung)

hang out the laundry 빨래를 널다
She **hung** the blanket on the washing line.
그녀는 담요를 빨랫줄에 널었다.
Hang in there! 참고 견뎌! / 버텨 봐! / 힘내!

393
iron [áiərn]

명 1. 철, 쇠 2. 다리미 동 다리미질을 하다

a steam **iron** 스팀 다리미
I need to **iron** this blouse. 나는 이 블라우스를 다리미질해야 한다.

394
fold [fould]

동 (종이·천 등을) 접다, 개다 반 unfold 펴다

Fold the paper in half. 그 종이를 반으로 접어라.
She **folded** the towels. 그녀는 수건을 갰다.

***foldable** 형 접을 수 있는

395
even [íːvən]

부 1. ~조차, ~도 2. [비교급 강조] 훨씬, 더욱

Even a child can do it. 어린아이도 그것을 할 수 있다.
This book is **even** better than that. 이 책이 저 책보다 훨씬 더 낫다.

396
worse [wəːrs]

형 더 나쁜, 더 심한 *bad의 비교급 반 better 더 나은

The weather is getting **worse**. 날씨가 더 나빠지고 있다.
The food was even **worse** than I thought.
음식은 내가 생각했던 것보다 훨씬 더 형편없었다.

***worst** 형 가장 나쁜, 최악의

DAY 20

397
rest [rest]

동 쉬다, 휴식하다 명 1. 휴식 2. (어떤 것의) 나머지
유 break 쉬다; (짧은) 쉬는 시간

You should **rest** for a few days. 너는 며칠 동안 **쉬어야** 한다.
You should get some **rest**. 너는 휴식을 좀 취해야 한다.

398
relax [rilǽks]

동 1. 느긋이 쉬다, 휴식을 취하다 2. 긴장을 풀다

I just want to sit down and **relax**. 나는 그냥 앉아서 좀 **쉬고** 싶다.
He **relaxed** with a cup of tea. 그는 차 한 잔을 마시며 **휴식을 취했다**.
Relax! Everything will be fine. **긴장 풀어**! 모든 게 다 잘될 거야.

399
hang out (with)

(~와) 놀다, 어울리다, 많은 시간을 보내다

We used to **hang out** together. 우리는 함께 **놀곤** 했다.
She often **hung out with** Jim. 그녀는 종종 짐**과 어울렸다**.
The kids **hang out** at the pool. 아이들은 수영장에서 **많은 시간을 보낸다**.

400
the rest of

~의 나머지, 나머지의 ~

Enjoy **the rest of** your stay. **남은** 기간 즐겁게 보내세요.
The rest of the money is for you. **나머지** 돈은 네 것이다.

Check Up

A 각 영어 단어의 우리말 뜻을 쓰세요.

1. tight _____   2. fit _____
3. suit _____   4. pocket _____
5. laundry _____ 6. hang _____
7. fold _____   8. even _____
9. worse _____   10. rest _____
11. relax _____ 12. the rest of _____

B 우리말에 맞게 빈칸에 알맞은 말을 넣으세요.

1. 헐렁한 스웨터를 입다   wear a _____ sweater
2. 세탁을 하다   do the _____
3. 빨래를 널다   _____ out the laundry
4. 더 나빠지다   get _____
5. 우리는 함께 놀곤 했다.   We used to _____ together.

Picture Review

● 그림이 나타내는 단어를 <보기>에서 골라, 우리말 뜻과 함께 쓰세요.

1.
2.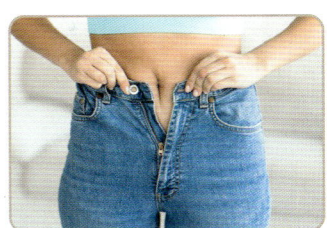
3.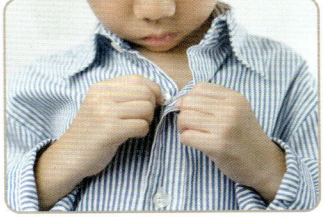
4.
5.
6.
7.
8.

tight

loose

button

blanket

iron

wool

sheet

fold

Review Test 05

A 그림을 보고, 빈칸에 들어갈 알맞은 알파벳을 쓰세요.

1.
   ex_____

2.
   ex_____

3.
   ex_____

4.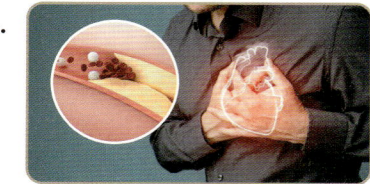
   di_____

5.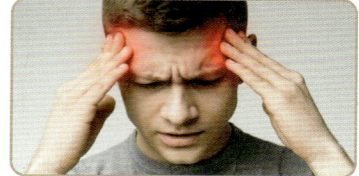
   head_____

6.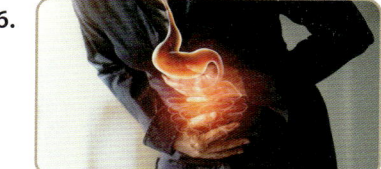
   stomach_____

7.
   st_____

8.
   w_____

9.
   blan_____

10.
    poc_____

B 그림을 보고, 빈칸에 알맞은 단어를 넣으세요.

forgive   medicine   continue   smoke   laundry   brain

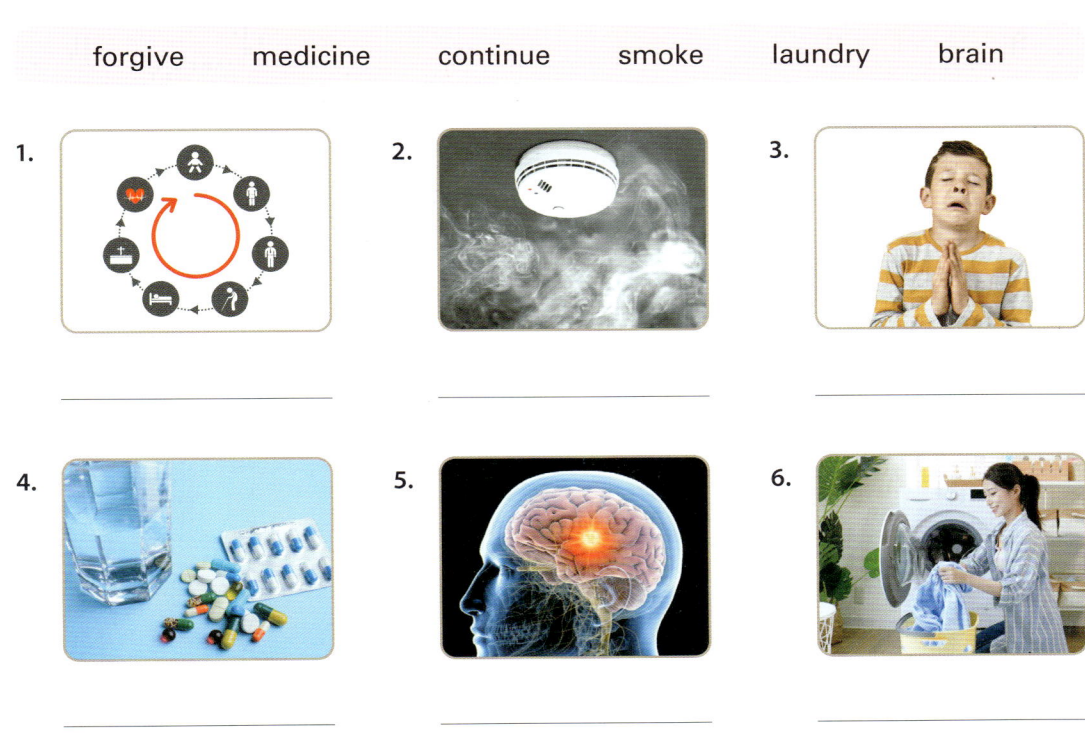

1. _____
2. _____
3. _____
4. _____
5. _____
6. _____

C 우리말과 같은 뜻이 되도록 빈칸에 알맞은 단어/숙어를 넣으세요.

cough   about to   take out   hang out   suffer from

1. 막 떠나려고 하다   be _____ leave
2. 기침이 나다   have a _____
3. 두통에 시달리다   _____ a headache
4. 쓰레기를 내다 버리다   _____ the trash
5. 함께 놀다[어울리다]   _____ together

D 주어진 단어와 반대의 뜻을 가진 단어를 <보기>에서 골라 쓰세요.

| empty | tight | be born | worse |

1. die _____   2. full _____
3. loose _____   4. better _____

E 주어진 단어와 비슷한 뜻을 가진 단어를 <보기>에서 골라 쓰세요.

| own | cure | allow | repair |

1. have _____   2. let _____
3. treat _____   4. fix _____

F 우리말 뜻에 알맞은 단어/숙어를 <보기>에서 골라 문장을 완성하세요.

| belongs to | managed to | sick and tired of | lasted |

1. 회의는 두 시간 동안 계속되었다.

   The meeting _____ two hours.

2. 나는 간신히 시험에 통과했다.

   I _____ pass the exam.

3. 그 책은 내 것이다.

   The book _____ me.

4. 나는 네 불평에 넌더리가 난다.

   I'm _____ your complaining.

G 읽을 수 있는 단어에 체크한 후, 우리말 뜻을 빈칸에 써 보세요.

- [ ] life _____
- [ ] continue _____
- [ ] last _____
- [ ] raise _____
- [ ] manage _____
- [ ] own _____
- [ ] explain _____
- [ ] pardon _____
- [ ] forgive _____
- [ ] allow _____
- [ ] ill _____
- [ ] fever _____
- [ ] pain _____
- [ ] ache _____
- [ ] sore _____
- [ ] disease _____
- [ ] medicine _____
- [ ] drug _____
- [ ] suffer _____
- [ ] cure _____

- [ ] ceiling _____
- [ ] shelf _____
- [ ] frame _____
- [ ] edge _____
- [ ] strike _____
- [ ] repair _____
- [ ] restroom _____
- [ ] automatic _____
- [ ] fill _____
- [ ] empty _____
- [ ] loose _____
- [ ] tight _____
- [ ] fit _____
- [ ] suit _____
- [ ] wool _____
- [ ] laundry _____
- [ ] hang _____
- [ ] fold _____
- [ ] rest _____
- [ ] relax _____

Review Test 05

DAY 21

Listen & Say 1 2 3

401 giant [dʒaiənt]
형 거대한, 위대한 명 거인
Look at the **giant** octopus. 저 거대한 문어를 봐.
take a **giant** step 위대한 걸음을 내딛다, 큰 진전을 이루다
a one-eyed **giant** 외눈박이 거인

402 enormous [inɔ́ːrməs]
형 거대한, 막대한 유 huge 거대한, 엄청난
an **enormous** tree 거대한 나무
He earns an **enormous** salary. 그는 엄청난 급여를 받는다.

403 wide [waid]
형 1. (폭이) 넓은 2. 폭이 ~인 3. (범위가) 넓은
The river is deep and **wide**. 그 강은 깊고 넓다.
How **wide** is the river? 그 강은 폭이 얼마나 되죠?
a **wide** range of bikes 다양한 종류의 자전거들

404 broad [brɔːd]
형 1. (폭이) 넓은, 드넓은 2. 폭넓은, 다양한
He has **broad** shoulders. 그는 넓은 어깨를 가지고 있다.
a **broad** range of products 다양한 종류의 제품들

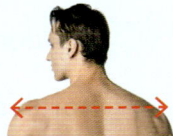

405 narrow [nǽrou]
형 1. (폭이) 좁은, 가는 2. (범위가) 좁은 3. 간신히 이룬
a **narrow** street 좁은 도로
a **narrow** victory 간신히 이긴 승리

406 shallow [ʃǽlou]
형 1. 얕은 2. 얄팍한, 피상적인 반 deep 깊은
a **shallow** dish 얕은 접시
The river is too **shallow** for our boat.
그 강은 보트를 타기에는 너무 얕다.

407 similar [símələr]
형 비슷한, 유사한, 닮은 반 different 다른
We have **similar** tastes in food. 우리는 음식 취향이 비슷하다.
The sisters look very **similar**. 그 자매는 아주 많이 닮았다.

408 alike [əláik]
형 비슷한, 닮은
The girls are **alike** in many ways. 그 소녀들은 많은 점에서 비슷하다.
My mother and I look **alike**. 우리 엄마와 나는 닮았다.

409
curly
[kə́:rli]

휑 곱슬곱슬한, 곱슬머리의

have short, **curly** hair 짧고 **곱슬곱슬한** 머리를 하고 있다

*curl 명 컬, 곱슬 동 곱슬곱슬하게 하다

410
straight
[streit]

휑 곧은, 똑바른 뷔 똑바로, 일직선으로 윧 directly 곧장, 똑바로

She has long, **straight** hair. 그녀는 긴 **생머리**를 하고 있다.
Go **straight** along this road. 이 길을 따라 **곧장** 가세요.

411
blonde
[bland]

휑 금발인 = blond 명 금발 머리 여자

a girl with long **blonde** hair 긴 금발 머리의 소녀

412
seem
[si:m]

동 ~처럼 보이다, ~인 것 같다 윧 appear ~인 것 같다

She **seems** very happy. 그녀는 아주 행복해 **보인다**.
It **seems** like it's going to rain. 비가 올 것 같다.

413
weigh
[wei]

동 1. 무게[체중]가 ~이다 2. 무게[체중]를 달다

He **weighs** about 78 kg. 그는 몸무게가 약 78kg**이다**.
The clerk **weighed** the potatoes. 그 점원이 감자의 **무게를 달았다**.

414
weight
[weit]

명 1. 무게, 체중 2. (역도의) 웨이트, 역기

Vegetables are sold by **weight**. 야채는 무게 단위로 팔린다.
He is trying to lose **weight**. 그는 몸무게를 줄이려 노력하고 있다.
lift a heavy **weight** 무거운 역기를 들다

415
measure
[méʒər]

동 재다, 측정하다 명 조치, 정책

measure my weight 내 몸무게를 재다
Rainfall is **measured** each month. 강수량은 매달 **측정된다**.
follow safety **measures** 안전 **조치**를 따르다

416
height
[hait]

명 1. 키, 높이 2. (지상으로부터의) 높이, 고도

The nurse measured my **height**. 간호사는 내 키를 쟀다.
He fell from a **height** of 25 meters. 그는 25미터 **높이**에서 떨어졌다.

DAY 21

417
scale
[skeil]

명 1. 저울 2. 규모, 범위

a digital **scale** 디지털 저울
I weighed some tomatoes on the **scale**. 나는 토마토를 저울에 달았다.
on a large **scale** 대규모로, 대대적으로

418
balance
[bǽləns]

명 1. 균형, 조화 2. 천칭 저울   동 균형을 유지하다

have a good sense of **balance** 균형 감각이 좋다
a **balance** scale 천칭 저울
try to **balance** work and home life 일과 가정생활의 균형을 잡으려 애쓰다

419
be similar to

~와 비슷하다, ~와 닮았다

Your watch **is similar to** mine. 네 시계는 내 것과 비슷하다.
Paul **is** very **similar to** his brother. 폴은 그의 형과 아주 닮았다.

420
seem to

~인 것 같다

It doesn't **seem to** work. 그것은 효과가 없는 것 같다.
He **seemed to** want to help you. 그는 너를 돕고 싶어 하는 것 같았다.
There **seems to** be some mistake. 뭔가 실수가 있는 것 같다.

Check Up

A 각 영어 단어의 우리말 뜻을 쓰세요.

1. giant _____
2. enormous _____
3. broad _____
4. similar _____
5. alike _____
6. straight _____
7. seem _____
8. weigh _____
9. measure _____
10. scale _____
11. balance _____
12. be similar to _____

B 우리말에 맞게 빈칸에 알맞은 말을 넣으세요.

1. 넓은 어깨를 가지고 있다   have _____ shoulders
2. 얕은 강   a _____ river
3. 내 몸무게를 재다   _____ my weight
4. 비가 올 것 같다.   It _____ like it's going to rain.
5. 그것은 효과가 없는 것 같다.   It doesn't _____ work.

Picture Review

● 그림이 나타내는 단어를 <보기>에서 골라, 우리말 뜻과 함께 쓰세요.

1.

2.

3.

4.

| curly |
| similar |
| straight |
| wide |
| narrow |
| weight |
| scale |
| height |

5.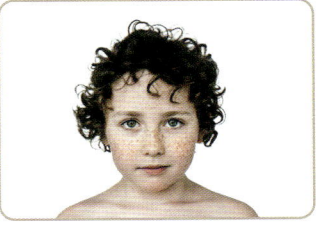

6.

7.

8.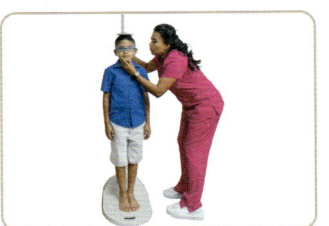

DAY 21

DAY 22

Listen & Say 1 2 3

421 beauty [bjúːti]
명 1. 아름다움, 미 2. 미인 3. (the -) 장점, 매력
the **beauty** of nature 자연의 아름다움
That's the **beauty** of the job. 그것이 그 일의 매력이다.
*beautiful 형 아름다운

422 beast [biːst]
명 짐승, 야수
wild **beasts** 야생의 짐승들, 야수들
Have you seen the movie *Beauty and the Beast*?
영화 〈미녀와 야수〉 봤니?

423 gorgeous [gɔ́ːrdʒəs]
형 아주 멋진, 화려한
a **gorgeous** girl 아주 멋진 아가씨
You look **gorgeous**! 너 아주 멋져 보인다!

424 fantastic [fæntǽstik]
형 기가 막히게 좋은, 환상적인 유 awesome 굉장한, 아주 멋진
You look **fantastic** in that suit. 그 양복 입으니 너 정말 끝내준다.
a **fantastic** beach 환상적인 해변

425 attractive [ətrǽktiv]
형 매력적인, 마음을 끄는, 매혹적인
She is a very **attractive** woman. 그녀는 아주 매력적인 여성이다.
*attract 동 마음을 끌다, 매혹하다

426 charming [tʃɑ́ːrmiŋ]
형 매력적인, 멋진
He is a **charming** person. 그는 매력적인 사람이다.
He has a really **charming** voice. 그는 정말 멋진 목소리를 가지고 있다.
*charm 명 매력 동 매혹하다

427 spot [spɑt]
명 1. 점, 얼룩 2. (특정한) 곳, 장소 = place 동 발견하다, 찾다
a white dog with brown **spots** 갈색 반점을 가진 흰 개
a good **spot** for a picnic 피크닉 하기 좋은 곳
He is tall and easy to **spot**. 그는 키가 커서 찾기 쉽다.

428 beard [biərd]
명 턱수염 유 moustache 콧수염
My uncle has a long **beard**. 우리 삼촌은 긴 턱수염이 있다.
He is growing a **beard**. 그는 턱수염을 기르고 있다.

429
neat
[niːt]

형 1. 단정한, 깔끔한　유 clean 깨끗한　2. 뛰어난, 멋진

a **neat** room　깔끔한 방
That's a really **neat** idea.　그거 정말 멋진 생각이다.

430
tidy
[táidi]

형 깔끔한, 잘 정돈된　반 messy 지저분한

His room is always neat and **tidy**.　그의 방은 항상 단정하고 깔끔하다.
a **tidy** desk　잘 정돈된 책상

431
terrible
[térəbl]

형 1. 끔찍한, 심한　2. 형편없는

a **terrible** accident　끔찍한 사고
The meal was **terrible**.　식사는 형편없었다.

432
awful
[ɔ́ːfəl]

형 끔찍한, 지독한

awful weather　끔찍한 날씨
The fish smelled **awful**.　그 생선은 냄새가 지독했다.

433
ordinary
[ɔ́ːrdənèri]

형 보통의, 일상적인, 평범한　유 normal 평범한, 정상적인

It was just an **ordinary** day.　그냥 평범한 날이었다.
stories about **ordinary** people　보통 사람들에 대한 이야기

434
standard
[stǽndərd]

명 표준, 기준　형 표준의, 일반적인

set a new **standard** for safety　안전에 관한 새로운 기준을 세우다
speak **standard** English　표준 영어를 구사하다

435
mirror
[mírə(r)]

명 거울　동 (거울처럼) 비추다, 반영하다

She looked in the **mirror**.　그녀는 거울을 들여다보았다.
The water **mirrored** the green trees.
물이 그 푸른 나무들을 비추고 있었다.
The trees were **mirrored** in the water.　나무들이 물에 비춰졌다.

436
reflect
[riflékt]

동 비추다, 반영하다, 반사하다

The pond **reflected** the moon.　연못에 달이 비쳤다.
His face was **reflected** in the water.　그의 얼굴이 물에 비춰졌다.
reflect light　빛을 반사하다
*reflection 명 반사, 반영

437
exactly
[iɡzǽktli]

㈜ 정확히, 꼭, 틀림없이

They look **exactly** the same. 그들은 완전히 똑같아 보인다.
What **exactly** do you mean? 정확히 무슨 말씀인지요?

*exact ㈜ 정확한

438
completely
[kəmplíːtli]

㈜ 완전히, 전적으로

They are **completely** different. 그들은 완전히[전혀] 다르다.
I agree with you **completely**. 난 네게 전적으로 동의한다.

*complete ㈜ 완성하다, 완료하다

439
put away

치우다, 정리하다, 제자리에 두다 ㈜ take away 치우다, 가져가다

Put your toys **away** after playing with them. 놀고 나면 네 장난감들을 **치워라**.
Put your clothes **away**, please. 제발 네 옷들 좀 **치워라**.

440
throw away

(쓸모없는 것을) 버리다 ㈜ take out (밖으로) 내놓다, 내다 버리다

throw away the garbage 쓰레기를 버리다
Don't **throw away** plastic bottles. 플라스틱 병들을 버리지 마세요.

Check Up

A 각 영어 단어의 우리말 뜻을 쓰세요.

1. beauty _____
2. fantastic _____
3. attractive _____
4. charming _____
5. neat _____
6. terrible _____
7. awful _____
8. ordinary _____
9. standard _____
10. exactly _____
11. completely _____
12. put away _____

B 우리말에 맞게 빈칸에 알맞은 말을 넣으세요.

1. 자연의 아름다움   the _____ of nature
2. 피크닉 하기 좋은 곳   a good _____ for a picnic
3. 끔찍한 날씨   _____ weather
4. 평범한 날   an _____ day
5. 플라스틱 병들을 버리지 마세요. Don't _____ plastic bottles.

Picture Review

● 그림이 나타내는 단어를 <보기>에서 골라, 우리말 뜻과 함께 쓰세요.

1.
2.

| beast |
| beard |
| spot |
| gorgeous |
| terrible |
| reflect |
| tidy |
| mirror |

3.
4.

5.
6.

7.
8.

DAY 22   113

DAY 23

Listen & Say 1 2 3

441
personality
[pə̀ːrsənǽləti]

® 1. 성격, 인격 2. 특성, 개성

His wife has a strong **personality**. 그의 아내는 **성격**이 강하다.
He is handsome, but he has no **personality**.
그는 잘생겼지만 **개성**이 없다.

*person ® 사람, 개인 *personal ® 개인적인, 개인의

442
individual
[ìndəvídʒuəl]

® 1. 각각의 2. 개인의   ® 개인   ® group 무리, 그룹

each **individual** member of the community
공동체의 **각각의** 구성원
We respect the freedom of the **individual**.
우리는 **개인**의 자유를 존중한다.

443
crowded
[kráudid]

® 1. 붐비는, 혼잡한 2. ~이 가득한   ® packed ~이 가득 찬

a **crowded** subway **혼잡한** 지하철
The store was **crowded** with shoppers. 그 가게는 쇼핑객들로 **붐볐다**.

*crowd ® 군중 ® 가득 메우다

444
lonely
[lóunli]

® 외로운, 쓸쓸한   *alone 혼자, 혼자인

He often felt **lonely**. 그는 종종 **외로움**을 느꼈다.

445
elderly
[éldərli]

® 나이가 지긋한, 연세 드신   ® old 늙은, 오래된   ® (the -) 어르신들

an **elderly** couple 노부부
build a nursing home for the **elderly** 노인들을 위한 양로원을 짓다

446
youth
[juːθ]

® 1. 젊음, 청춘 2. (the -) 젊은이들, 청년들

the passion of **youth** **청춘**의 열정
the **youth** of today 오늘날의 **젊은이들**

*young ® 젊은, 어린

447
male
[meil]

® 남성, 수컷   ® man 남자, 남성   ® 남성의, 수컷의

a deep **male** voice 깊은 **남성의** 목소리
A rooster is a **male** chicken. 수탉은 **수컷** 닭이다.

448
female
[fíːmeil]

® 여성, 암컷   ® woman 여자, 여성   ® 여성의, 암컷의

Most **females** live longer than males. 대부분의 **여성**이 남성보다 오래 산다.
Worker bees are **female**. 일벌들은 **암컷**이다.

449
active
[ǽktiv]

형 활동적인, 적극적인

healthy and **active** children 건강하고 **활동적인** 어린이들
Some animals are **active** at night. 어떤 동물들은 밤에 **활동적이다**.
He is very **active** on social media.
그는 소셜 미디어에 아주 **적극적이다**(활발히 활동한다).

*act 명 행동 동 행동하다

450
lively
[láivli]

형 활기[생기] 넘치는, 활발한

a **lively** young woman 생기 넘치는 젊은 여성
They had a **lively** discussion. 그들은 **활발한** 토론을 벌였다.

*live 동 살다 *alive 형 살아 있는

451
friendly
[fréndli]

형 1. 친절한, 우호적인 2. ~하기 편한, ~ 친화적인

The local people were very **friendly**. 그 현지인들은 아주 **우호적**이었다.
user-**friendly** software 사용자 **친화적인** 소프트웨어

452
cheerful
[tʃíərfəl]

형 명랑한, 쾌활한

She's always very **cheerful**. 그녀는 늘 아주 **명랑하다**.

*cheer 동 환호성을 지르다, 응원하다

453
joyful
[dʒɔ́ifəl]

형 아주 기뻐하는; 기쁜, 즐거운

a **joyful** look 기뻐하는 표정
Christmas is such a **joyful** time of the year.
크리스마스는 일 년 중 정말 **즐거운** 때이다.

*joy 명 기쁨, 환희

454
delightful
[diláitfəl]

형 즐거운, 유쾌한, 기분 좋은 유 merry 즐거운, 명랑한

spend a **delightful** weekend **즐거운** 주말을 보내다
Our new neighbors are **delightful**. 우리 새 이웃들은 **유쾌하다**.

*delight 명 기쁨, 즐거움

455
talkative
[tɔ́:kətiv]

형 말하기를 좋아하는, 수다스러운

She's not very **talkative**, is she? 그녀는 별로 **수다스럽지** 않아요, 그렇죠?

456
silent
[sáilənt]

형 1. 말을 안 하는, 무언의 2. 조용한 = quiet

keep **silent** 침묵을 지키다
The street was very **silent**. 그 거리는 아주 **조용했다**.

457 though
[ðou]

졉 ~이긴 하지만, ~에도 불구하고 빈 (문장 끝에 와서) 하지만

Though everyone played well, we lost the game.
모두들 잘 싸웠지만 우리는 그 게임에서 졌다.
It was a good game **though**. 하지만 좋은 경기였다.

458 although
[ɔːlðóu]

졉 ~이긴 하지만, ~에도 불구하고

Although he is over 80, he is still very active.
그는 80이 넘었지만 여전히 아주 활동적이다.

459 be crowded with

~로 붐비다, ~로 꽉 차다

The subway **was crowded with** people. 지하철은 사람들로 붐볐다.
The roads **were crowded with** cars. 도로는 차들로 꽉 차 있었다.

460 even though

비록 ~일지라도, ~에도 불구하고 = even if

Even though everyone played well, we lost the game.
모두들 잘 싸웠음에도 불구하고 우리는 그 게임에서 졌다.
I can still remember **even though** it was so long ago.
아주 오래전 일이지만 나는 여전히 기억할 수 있다.

Check Up

A 각 영어 단어의 우리말 뜻을 쓰세요.

1. personality _____
2. individual _____
3. lonely _____
4. active _____
5. lively _____
6. friendly _____
7. cheerful _____
8. delightful _____
9. silent _____
10. though _____
11. although _____
12. even though _____

B 우리말에 맞게 빈칸에 알맞은 말을 넣으세요.

1. 강한 성격   a strong _____
2. 혼잡한 지하철   a _____ subway
3. 사용자 친화적인 소프트웨어 user-_____ software
4. 침묵을 지키다   keep _____
5. 지하철은 사람들로 붐볐다. The subway was _____ people.

Picture Review

● 그림이 나타내는 단어를 <보기>에서 골라, 우리말 뜻과 함께 쓰세요.

1. 	2. 
3. 	4. 
5. 	6. 
7. 	8. 

youth

male

crowded

lonely

joyful

talkative

elderly

female

DAY 23

DAY 24

Listen & Say 1 2 3

461
creative
[kriéitiv]
혱 1. 창의적인, 창조적인 2. 창의력이 있는

a **creative** artist   창의적인 예술가
She is very **creative**.   그녀는 대단히 창의력이 있다.
*create 동 창조하다, 창작하다 *creativity 명 창의력

462
original
[ərídʒənl]
혱 원래의, 독창적인 명 원본

The **original** painting is in the Louvre Museum.
원본 그림은 루브르 박물관에 있다.
an **original** idea   독창적인 생각
*originality 명 독창성

463
imagine
[imǽdʒin]
동 1. 상상하다, (마음속으로) 그리다 2. ~라고 생각하다

Imagine (that) you are in a forest.   네가 어떤 숲에 있다고 상상해 봐.
I can't **imagine** living without music.
나는 음악 없이 사는 삶을 상상할 수 없다.

464
imagination
[imædʒənéiʃən]
명 상상력, 상상

Her stories are full of **imagination**.   그녀의 이야기는 상상력으로 가득하다.

465
illustrate
[íləstrèit]
동 1. 삽화를 넣다 2. 설명하다, 예시하다

an **illustrated** book   삽화가 들어간 책
The book was **illustrated** by Eric Carle.   그 책은 에릭 칼이 삽화를 그렸다.
He **illustrated** the point with an example.   그는 예를 들어 요점을 설명했다.
*illustration 명 삽화, 도해

466
describe
[diskráib]
동 말하다, 묘사하다, 서술하다

Can you **describe** how you feel?   네 느낌이 어떤지 말해 줄 수 있니?
Words cannot **describe** the scene.   말로는 그 광경을 설명할 수 없다.

467
contain
[kəntéin]
동 (~이) 들어 있다, (~을) 담고 있다

What does the box **contain**?   그 상자에는 무엇이 들어 있니?
This book **contains** over 500 illustrations.
이 책에는 500개가 넘는 삽화가 들어 있다.

468
include
[inklú:d]
동 포함하다, 포함시키다 반 exclude 제외하다

The price **includes** tax.   그 가격은 세금을 포함한다.
Tax is **included** in the price.   그 가격에는 세금이 포함되어 있다.
*included 혱 포함된, 함유된

469
self
[self]

명 1. 자기 자신, 자아 2. 본성, 본모습

What is a sense of **self**? 자의식[자기 인식]이란 무엇인가?
I want to find my true **self**. 나는 진정한 내 **본모습**을 찾고 싶다.

470
myself
[maisélf]

대 나 자신, 나 스스로   *yourself 너 자신

I love **myself**. 나는 나 자신을 사랑한다.
I'll speak to her **myself**. 내가 직접 그녀에게 말할게.
*himself 대 그 자신 *herself 대 그녀 자신
*ourselves 대 우리 자신 *themselves 대 그들 자신

471
selfish
[sélfiʃ]

형 이기적인, 자기 본위의

You are so **selfish**. 너는 너무 이기적이야.
Don't be so **selfish**. 그렇게 이기적으로 굴지 마.

472
mean
[miːn]

형 못된, 심술궂은 동 1. 의미하다 2. 의도하다 (meant-meant)

Don't be so **mean** to him. 그에게 그렇게 못되게 굴지 마.
Sorry. I didn't **mean** it. 미안. 그러려고 했던 게 아니야.

473
proud
[praud]

형 1. 자랑스러운, 자랑스러워하는 2. 거만한

I'm very **proud** of you. 나는 네가 아주 자랑스럽다.
He was a very **proud** man. 그는 아주 거만한 남자였다.
*pride 명 자부심, 자존심

474
shame
[ʃeim]

명 1. 부끄러움, 수치심 2. 안타까운[유감스러운] 일

His face burned with **shame**. 그의 얼굴이 수치심으로 달아올랐다.
What a **shame** he can't come. 그가 못 온다니 안타깝군.

475
patient
[péiʃənt]

형 참을성 있는, 인내심 있는 명 환자

Be **patient**! 인내심을 가져라(조급하게 굴지 마라).
She's very **patient** with young children.
그녀는 어린 아이들에게 아주 참을성 있게 대한다.
treat a **patient** 환자를 치료하다
*patiently 부 참을성 있게

476
impatient
[impéiʃənt]

형 1. 참을성이 없는 2. (~하고 싶어서) 안달하는

Don't be **impatient**. Wait for your turn.
조바심 내지 마라. 네 순서를 기다려.
He was **impatient** to leave. 그는 떠나고 싶어 안달이었다.

477
curious [kjúəriəs]

⑬ 호기심이 많은, 궁금한

Babies are **curious** about everything. 아기들은 모든 것에 **호기심이 많다**.
Why are you asking? – I'm just **curious**. 왜 묻는데? – 그냥 **궁금해서**.
*curiosity ⑲ 호기심

478
wonder [wʌ́ndər]

⑬ 궁금하다, 궁금해하다 ⑲ 놀라움, 경탄

I **wonder** who she is. 나는 그녀가 누구인지 **궁금하다**.
I **wonder** if she will come. 나는 그녀가 올지 안 올지 **궁금하다**.
the Seven **Wonders** of the World 세계 7대 **불가사의**

479
by oneself

혼자서, 혼자 힘으로   *for oneself 스스로[직접], 자신을 위해

My grandma lives **by herself**. 우리 할머니는 **혼자** 산다.
He cleaned the house **by himself**. 그는 **혼자서** 집을 청소했다.

480
be proud of

~을 자랑스러워하다

You should **be proud of** yourself. 너는 네 자신을 **자랑스러워해야** 해.
Her parents **were** very **proud of** her. 그녀의 부모님은 그녀를 아주 **자랑스러워했다**.
You must **be** very **proud of** your son. 아드님이 아주 **자랑스러우시겠어요**.

Check Up

A 각 영어 단어의 우리말 뜻을 쓰세요.

1. creative _____   2. original _____
3. imagine _____   4. describe _____
5. contain _____   6. include _____
7. self _____   8. selfish _____
9. mean _____   10. proud _____
11. patient _____   12. by oneself _____

B 우리말에 맞게 빈칸에 알맞은 말을 넣으세요.

1. 창의적인 예술가   a _____ artist
2. 독창적인 생각   an _____ idea
3. 인내심을 가져라.   Be _____.
4. 세계 7대 불가사의   the Seven _____ of the World
5. 나는 네가 아주 자랑스럽다.   I'm very _____ you.

Picture Review

● 그림이 나타내는 단어를 <보기>에서 골라, 우리말 뜻과 함께 쓰세요.

illustrate	
contain	
imagination	
proud	
myself	
shame	
wonder	
impatient	

1.

2.

3.

4.

5.

6.

7.

8.

Review Test 06

DAY 21-24

A 그림을 보고, 빈칸에 들어갈 알맞은 알파벳을 쓰세요.

1.
enor_____

2.
gor_____

3.
na_____

4.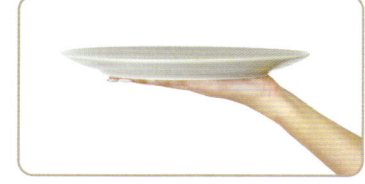
sha_____

5.
cheer____

6.
delight____

7.
crea_____

8.
attract_____

9.
illust_____

10.
desc_____

B 그림을 보고, 빈칸에 알맞은 단어를 넣으세요.

> imagine   individual   terrible   crowded   contain   measure

1. _____
2. _____
3. _____
4. _____
5. _____
6. _____

C 우리말과 같은 뜻이 되도록 빈칸에 알맞은 단어/숙어를 넣으세요.

> standard   silent   patient   straight hair   throw away

1. 긴 생머리를 하고 있다   have long, _____
2. 표준 영어를 구사하다   speak _____ English
3. 쓰레기를 버리다   _____ the garbage
4. 침묵을 지키다   keep _____
5. 환자를 진료하다   treat a _____

D 주어진 단어와 반대의 뜻을 가진 단어를 <보기>에서 골라 쓰세요.

| female | narrow | impatient | mean |

1. wide _____ 2. kind _____
3. male _____ 4. patient _____

E 주어진 단어와 비슷한 뜻을 가진 단어를 <보기>에서 골라 쓰세요.

| reflect | similar | awful | charming |

1. attractive _____ 2. alike _____
3. terrible _____ 4. mirror _____

F 우리말 뜻에 알맞은 단어/숙어를 <보기>에서 골라 문장을 완성하세요.

| seems to | alike | be proud of | crowded with |

1. 우리는 많은 점에서 비슷하다.

   We are _____ in many ways.

2. 뭔가 실수가 있는 것 같다.

   There _____ be some mistake.

3. 지하철은 사람들로 붐볐다.

   The subway was _____ people.

4. 너는 네 자신을 자랑스러워해야 해.

   You should _____ yourself.

G 읽을 수 있는 단어에 체크한 후, 우리말 뜻을 빈칸에 써 보세요.

☐ giant	_____		☐ personality	_____
☐ broad	_____		☐ individual	_____
☐ similar	_____		☐ crowded	_____
☐ curly	_____		☐ lonely	_____
☐ straight	_____		☐ active	_____
☐ seem	_____		☐ lively	_____
☐ measure	_____		☐ friendly	_____
☐ height	_____		☐ delightful	_____
☐ scale	_____		☐ talkative	_____
☐ balance	_____		☐ silent	_____
☐ beauty	_____		☐ creative	_____
☐ beast	_____		☐ original	_____
☐ fantastic	_____		☐ imagine	_____
☐ charming	_____		☐ describe	_____
☐ tidy	_____		☐ contain	_____
☐ terrible	_____		☐ include	_____
☐ ordinary	_____		☐ selfish	_____
☐ reflect	_____		☐ proud	_____
☐ exactly	_____		☐ patient	_____
☐ completely	_____		☐ wonder	_____

DAY 25

Listen & Say 1 2 3

481
emotion
[imóuʃən]

명 감정, 정서 유 feelings 감정

express your **emotions** 너의 감정을 표현하다
She's good at hiding her **emotions**. 그녀는 자신의 감정을 잘 숨긴다.

482
complicated
[kámpləkèitid]

형 복잡한, 알기 어려운 유 complex (구조·절차가) 복잡한, 복합의

show one's **complicated** emotions (누구의) 복잡한 감정을 드러내다
a **complicated** puzzle 풀기 어려운 퍼즐

483
tear
[tiər]

명 눈물, 울음 반 laughter 웃음(소리) 동 [tɛər] 찢다; 찢어지다 (tore-torn)

Her eyes filled with **tears**. 그녀의 눈에는 눈물이 가득 고였다.
She **tore** the letter in two. 그녀는 편지를 두 조각으로 찢어 버렸다.

484
burst
[bəːrst]

동 1. 터지다; 터뜨리다 2. 불쑥 가다[오다] (burst-burst)

The balloon **burst**. 풍선이 터졌다.
He **burst** the balloon in my face.
그는 내 앞에서[면전에서] 풍선을 터뜨렸다.
He **burst** into the room without knocking.
그가 노크도 없이 불쑥 방 안으로 들어왔다.

485
interesting
[íntərəstiŋ]

형 흥미로운, 재미있는 반 uninteresting 흥미롭지 못한, 재미없는

an **interesting** story 흥미로운 이야기
The movie was **interesting**. 그 영화는 재미있었다.
*interest 명 흥미, 관심

486
interested
[íntərəstid]

형 흥미가 있는, 관심[재미] 있어 하는 반 uninterested 흥미가 없는, 무관심한

I'm **interested** in this movie. 나는 이 영화에 관심이 있다.
I'm not really **interested** in movies. 난 영화에는 별로 흥미가 없다.

487
boring
[bɔ́ːriŋ]

형 재미없는, 지루한, 따분한 반 exciting 신나는, 흥미진진한

The movie was so **boring**. 그 영화는 정말 지루했어.
*bore 동 지루하게 만들다

488
bored
[bɔːrd]

형 지루해하는, 따분해하는 반 excited 신이 난, 들뜬

I'm **bored**. 나 심심해.
She soon got **bored**. 그녀는 금방 지루해졌다.

489
memory
[méməri]

명 1. 기억, 기억력 2. 추억

I have a good **memory**. 나는 기억력이 좋다.
I have a good **memory** of my school days.
나는 학창 시절에 대한 좋은 **추억**이 있다.

490
miss
[mis]

동 1. 그리워하다 2. 놓치다, 빗나가다

I'll **miss** you. 네가 그리울 거야.
I really **miss** those days. 나는 정말 그때가 **그립다**.
I was late because I **missed** the train. 나는 그 기차를 **놓쳐**서 늦었다.

491
fear
[fiər]

명 두려움, 공포 동 두려워하다, 무서워하다 유 scare 두려움; 겁주다, 겁먹다

I have a **fear** of heights. 나는 고소 **공포증**이 있다.
She **feared** to go out at night. 그녀는 밤에 외출하기를 **두려워했다**.

*fearful 형 무서운, 두려워하는

492
horror
[hɔ́:rər]

명 1. 공포, 공포감 2. ~의 참상

horror movies 공포 영화
People cried out in **horror**. 사람들은 **공포**에 질려 소리쳤다.
the **horrors** of war 전쟁의 **참상**

*horrible 형 끔찍한, 무시무시한

493
satisfied
[sǽtisfàid]

형 만족한, 만족해하는

a **satisfied** smile 만족한 미소
I'm **satisfied** with the results. 나는 그 결과에 **만족한다**.

*satisfy 동 만족시키다 *satisfying 형 만족스러운, 만족감을 주는

494
disappointed
[dìsəpɔ́intid]

형 실망한, 낙담한

his **disappointed** face 그의 **실망한** 얼굴
He was **disappointed** by the results. 그는 그 결과에 **낙담했다**.

*disappoint 동 실망시키다 *disappointing 형 실망스러운

495
surprise
[sərpráiz]

명 놀라운 일 동 놀라게 하다

What a nice **surprise**! 정말 멋진 **소식이군**! / (이렇게 만나다니) 정말 반가워!
The news **surprised** everyone. 그 뉴스는 모두를 **놀라게 했다**.

*surprised 형 놀란 *surprising 형 놀라운

496
embarrass
[imbǽrəs]

동 당황스럽게 만들다, 창피하게 하다

He **embarrassed** me in front of my friends.
그는 내 친구들 앞에서 나를 당황스럽게 만들었다.
I was so **embarrassed**. 나는 너무 **창피했다**.

*embarrassed 형 당황스러운, 창피한 *embarrassing 형 당혹스러운

497
bother [báðər]

동 1. 괴롭히다, 귀찮게 하다 2. 신경 쓰다; 신경 쓰이게 하다

Stop **bothering** me when I'm working. 나 일할 때는 귀찮게 좀 하지 마.
That doesn't **bother** me. 난 아무렇지도 않다(신경 안 쓴다).

498
trouble [trʌbl]

명 어려움, 문제, 골칫거리 동 괴롭히다

I'm having **trouble** doing my homework.
나는 숙제를 하는 데 애를 먹고 있다.
cause a lot of **trouble** 많은 문제를 일으키다
What's **troubling** you? 무슨 일로 고민하고 있는 거니(뭐가 문제니)?

499
burst into

(갑자기) ~하기 시작하다, ~을 터뜨리다

She **burst into** tears. 그녀는 울음을 터뜨렸다.
Sam suddenly **burst into** laughter. 샘은 갑자기 웃음을 터뜨렸다.
The car **burst into** flames. 그 차는 갑자기 불길에 휩싸였다.

500
be interested in

~에 관심이 있다, ~에 흥미가 있다

He **is** very **interested in** history. 그는 역사에 아주 관심이 많다.
Are you **interested in** him? 너는 그에게 관심이 있니?

Check Up

A 각 영어 단어의 우리말 뜻을 쓰세요.

1. emotion _____
2. complicated _____
3. burst _____
4. interested _____
5. miss _____
6. horror _____
7. satisfied _____
8. disappointed _____
9. embarrass _____
10. bother _____
11. trouble _____
12. be interested in _____

B 우리말에 맞게 빈칸에 알맞은 말을 넣으세요.

1. 흥미로운 이야기   an _____ story
2. 지루한 영화   a _____ movie
3. 만족한 미소   a _____ smile
4. 많은 문제를 일으키다   cause a lot of _____
5. 그녀는 울음을 터뜨렸다.   She _____ into tears.

Picture Review

● 그림이 나타내는 단어를 <보기>에서 골라, 우리말 뜻과 함께 쓰세요.

1.

2.

3.

4.

5.

6.

7.

8.

interested

memory

bored

burst

satisfied

fear

tear

embarrass

DAY 25　129

DAY 26

 Listen & Say 1 2 3

501
soul
[soul]

명 1. 영혼, 혼 2. 정신, 마음
the **souls** of the dead 죽은 이들의 **영혼**
the dark side of the human **soul** 인간 **정신**의 어두운 측면

502
spirit
[spírit]

명 1. 정신 2. (-s) 기분, 마음 상태 3. 영혼 = soul 유 mind 생각, 마음
the power of the human **spirit** 인간의 **정신력**
She is in high **spirits** today. 그녀는 오늘 **기분**이 좋다.

503
remember
[rimémbər]

동 기억하다, 기억나다 반 forget 잊다
Remember to call him. 그에게 전화하는 것을 **기억해라**.
I **remember** meeting her at a party.
난 그녀를 한 파티에서 만났던 게 **기억난다**.

504
remind
[rimáind]

동 상기시키다, 생각나게 하다 유 recall 기억해 내다, 생각나게 하다
Remind me to call John. 존에게 전화하라고 내게 **상기시켜** 줘.
It **reminds** me of my mom's soup.
그것은 우리 엄마의 수프를 **생각나게 한다**.

505
trust
[trʌst]

동 신뢰하다, 믿다 유 believe 믿다 명 신뢰, 신임
I don't **trust** him. 나는 그를 **신뢰하지** 않는다.
a friendship based on **trust** **신뢰**에 기반한 우정

506
doubt
[daut]

동 의심하다 명 의심, 의혹
We never **doubted** his story. 우리는 그의 이야기를 전혀 **의심하지** 않았다.
I **doubt** if the plan will work. 나는 그 계획이 성공할지 **의심스럽다**.

507
pray
[prei]

동 기도하다, 빌다
I'll **pray** for you. 너를 위해 **기도할게**.
He **prayed** to God for help. 그는 신에게 도움을 청하는 **기도를 올렸다**.
*prayer 명 기도

508
realize
[ríːəlàiz]

동 1. 깨닫다, 알아차리다 2. (목표 등을) 실현하다
I **realized** my mistake. 나는 내 실수를 **깨달았다**.
His dream was finally **realized**. 그의 꿈은 마침내 **실현되었다**.
*realization 명 깨달음, 자각, 실현

학습일: 월 일

509
happen
[hǽpən]

동 1. (일이) 일어나다, 발생하다 2. 우연히 ~하다

When did the accident **happen**? 그 사고는 언제 **일어났나요**?
What **happened**? Why are you crying? 무슨 **일이니**? 너 왜 울고 있어?
I **happened** to see him on the street. 나는 길에서 **우연히** 그를 만났다.

510
reason
[ríːzn]

명 1. 이유, 원인   유 cause 원인   2. 이성, 제정신

Tell me the **reason** why you were crying. 네가 울고 있던 **이유**를 말해 줘.
lose one's **reason** 이성을 잃다

511
suggest
[səd͡ʒést]

동 1. 제안하다 = propose 2. 추천하다 3. 암시하다

He **suggested** another plan. 그는 다른 계획을 **제안했다**.
Can you **suggest** a good movie? 좋은 영화를 한 편 **추천해** 주시겠어요?
Are you **suggesting** that I'm lazy? 너는 내가 게으르다고 **말하는 거니**?

512
recommend
[rèkəménd]

동 1. 추천하다 2. 권고하다   유 advise 조언하다, 권고하다

Can you **recommend** a good restaurant? 좋은 식당을 좀 **추천해** 줄래?
My doctor **recommended** (that) I eat more vegetables.
주치의는 내게 야채를 더 많이 먹을 것을 **권했다**.

513
stress
[stres]

명 스트레스, 압박 동 강조하다

If I suffer from **stress**, I eat spicy food.
나는 **스트레스**를 받으면 매운 음식을 먹는다.
stress the importance of exercise 운동의 중요성을 **강조하다**

514
warn
[wɔːrn]

동 경고하다, 주의를 주다

He **warned** me not to walk alone.
그는 내게 혼자 다니지 말라고 **주의를 주었다**.

515
request
[rikwést]

동 요청하다, 부탁하다 유 ask 부탁하다, 묻다 명 요청, 부탁

I **requested** an interview with the mayor.
나는 시장과의 면담을 **요청했다**.
turn down a **request** for an interview 면담 **요청**을 거절하다

516
require
[rikwáiər]

동 1. 필요로 하다 = need 2. (법·규칙 등으로) 요구하다

Children **require** a lot of care. 아이들은 많은 보살핌을 **필요로 한다**.
A receipt is **required** to exchange goods.
상품을 교환하기 위해서는 영수증이 **요구된다**.

DAY 26

517
whisper
[hwíspər]

⑧ 속삭이다, 소곤거리다 ⑪ yell 소리 지르다 ⑨ 속삭임

She **whispered** something in his ear.
그녀는 그의 귀에 뭔가를 속삭였다.
the **whispers** of the sea 바다의 속삭임

518
whistle
[hwisl]

⑧ 1. 휘파람을 불다 2. 호각을 불다 ⑨ 휘파람 (소리); 호각 (소리)

He **whistled** as he worked. 그는 일하면서 휘파람을 불었다.
blow the **whistle** 호각을 불다

519
come to mind

(문득) 생각이 떠오르다, 생각나다

When you think of summer, what **comes to mind**? 여름을 생각하면 너는 무엇이 **떠오르니**?
Nothing **comes to mind**. 아무것도 **떠오르지** 않아.

520
take place

개최되다, 열리다, 일어나다 = happen

The concert will **take place** on Saturday. 그 콘서트는 토요일에 **열린다**.
When did the accident **take place**? 그 사고는 언제 **일어났나요**?

Check Up

A 각 영어 단어의 우리말 뜻을 쓰세요.

1. spirit _____ 2. remember _____
3. remind _____ 4. trust _____
5. doubt _____ 6. happen _____
7. reason _____ 8. suggest _____
9. recommend _____ 10. request _____
11. require _____ 12. come to mind _____

B 우리말에 맞게 빈칸에 알맞은 말을 넣으세요.

1. 죽은 이들의 영혼   the _____ of the dead
2. 좋은 식당을 추천하다   _____ a good restaurant
3. 스트레스를 받다   suffer from _____
4. 요청을 거절하다   turn down a _____
5. 그 사고는 언제 일어났나요? When did the accident _____?

Picture Review

● 그림이 나타내는 단어를 <보기>에서 골라, 우리말 뜻과 함께 쓰세요.

1.

2.

3.

4.

realize

pray

whistle

suggest

soul

doubt

whisper

warn

5.

6.

7.

8.

DAY 27   Listen & Say 1 2 3

521
career
[kəríər]

명 1. (전문적인) 직업 2. 경력, 이력, 커리어 유 job 직업, 일

a **career** in marketing   마케팅에 종사하는 **직업**
a **career** as a fashion designer   패션 디자이너로서의 **직업[경력]**

522
challenge
[tʃælindʒ]

명 1. 도전 2. 도전적인 일, 난제   동 도전하다

accept a **challenge**   **도전**을 받아들이다
face the **challenge** of her career   그녀 이력의 **난제**에 직면하다
He **challenged** the world record.   그는 세계 기록에 **도전했다**.

523
employ
[implɔ́i]

동 (사람을) 고용하다

The company **employs** over 200 people.
그 회사는 200명이 넘는 사람들을 **고용하고 있다**.

***employer** 명 고용주   ***employee** 명 종업원, 고용인

524
hire
[haiər]

동 1. (사람을) 고용하다 2. (특정 기간 동안 사람을) 쓰다

He was **hired** two years ago.   그는 2년 전에 **고용되었다**.
hire a driver   운전사를 **고용하다**

525
lawyer
[lɔ́ːjər]

명 변호사

a career as a **lawyer**   **변호사**로서의 직업[경력]
hire a **lawyer**   **변호사**를 선임하다

526
judge
[dʒʌdʒ]

명 1. 판사 2. 심사위원   동 판단하다, 평가하다

She works as a **judge**.   그녀는 **판사**로 일한다.
a famous **judge** on a TV show   TV 쇼의 유명한 **심사위원**
Don't **judge** a book by its cover.   표지로 책을 **판단하지** 마라.

527
court
[kɔːrt]

명 1. 법정, 법원 2. (테니스 등의) 경기장

Judges work at **court**.   판사는 **법원**에서 일한다.
a basketball **court**   농구 **경기장**

528
justice
[dʒʌ́stis]

명 1. 정의, 공정 유 fairness 공정성 2. 사법, 재판

Children have a strong sense of **justice**.   아이들은 **정의감**이 강하다.
the **justice** system   **사법** 제도

529
invent [invént]
- ⑧ 발명하다
- Who **invented** the airplane? 누가 비행기를 **발명했**나요?
- *invention ⑨ 발명, 발명품

530
inventor [invéntər]
- ⑨ 발명가, 창안자
- **Inventors** create new things. **발명가**는 새로운 것을 만들어 낸다.
- one of the most famous **inventors** 가장 유명한 **발명가** 중의 한 사람

531
discover [diskávər]
- ⑧ 발견하다 ㉾ find 찾다
- Scientists **discover** new things. 과학자들은 새로운 것을 **발견한다.**
- Who **discovered** America? 누가 아메리카 대륙을 **발견했**나?
- *discoverer ⑨ 발견자 *discovery ⑨ 발견

532
effort [éfərt]
- ⑨ 노력, 수고
- make an **effort** **노력**하다
- It took a lot of time and **effort.** 그것은 많은 시간과 **노력**이 들었다.

533
professor [prəfésər]
- ⑨ (대학의) 교수 = Prof. ㉾ teacher 교사
- **Professor** Williams 윌리엄스 교수
- Who's your English **professor**? 너의 영어 **교수님**은 누구니?

534
university [jùːnəvə́ːrsəti]
- ⑨ (종합) 대학교 ㉾ college (단과) 대학
- He is a professor of history at Oxford **University**.
- 그는 옥스퍼드 **대학교**의 역사 교수이다.

535
captain [kǽptin]
- ⑨ 1. 선장, (항공기의) 기장 ㉾ pilot 조종사 2. (팀의) 주장
- Hello. This is your **captain** speaking.
- 안녕하십니까, 저는 (여러분의) **기장**입니다.
- He is the **captain** of the soccer team. 그는 그 축구팀의 **주장**이다.

536
coach [koutʃ]
- ⑨ (스포츠 팀의) 코치 ⑧ 코치하다, 지도하다
- a football **coach** 축구 코치
- He used to **coach** high school football.
- 그는 고등학교 축구 **코치**를 했었다.

DAY 27

537
engineer
[èndʒiníər]

명 기사, 기술자, 엔지니어

a computer **engineer** 컴퓨터 기사
The **engineer** fixed the computer. 그 기술자가 컴퓨터를 수리했다.
*engine 명 엔진

538
factory
[fǽktəri]

명 공장

a car **factory** 자동차 공장
He is an engineer at a TV **factory**. 그는 TV 공장의 엔지니어이다.

539
be satisfied with

~에 만족하다 = be happy with

I'm **satisfied with** my career. 나는 내 직업[커리어]에 만족한다.
Are you **satisfied with** the results? 당신은 그 결과에 만족하나요?

540
at last

마침내 = finally

They arrived in Alaska **at last**. 마침내 그들은 알래스카에 도착했다.
At last, the Wright brothers invented the first airplane.
마침내 라이트 형제는 최초의 비행기를 발명했다.

Check Up

A 각 영어 단어의 우리말 뜻을 쓰세요.

1. career _____   2. challenge _____
3. employ _____   4. hire _____
5. lawyer _____   6. justice _____
7. invent _____   8. discover _____
9. effort _____   10. coach _____
11. engineer _____   12. at last _____

B 우리말에 맞게 빈칸에 알맞은 말을 넣으세요.

1. 도전을 받아들이다   accept a _____
2. 변호사로서의 경력   a career as a _____
3. 사법 제도   the _____ system
4. 노력하다   make an _____
5. 나는 내 커리어에 만족한다.   I'm _____ with my career.

Picture Review

● 그림이 나타내는 단어를 <보기>에서 골라, 우리말 뜻과 함께 쓰세요.

1.

2.

3.

4.

5.

6.

7.

8.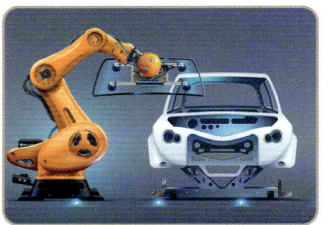

professor

court

judge

discover

inventor

captain

university

factory

DAY 28

Listen & Say 1 2 3

541
technology
[teknάlədʒi]

명 1. (과학) 기술 2. 기계, 장비

science and **technology** 과학 기술
New **technology** changes our lives. 새로운 **기술**은 우리의 삶을 변화시킨다.
*technical 형 과학 기술의 *technically 부 기술적으로

542
perfect
[pə́:rfikt]

형 완벽한, 완전한

The system was technically **perfect**. 그 시스템은 기술적으로 **완벽했다**.
perfect weather for a picnic 소풍 가기에 **완벽한** 날씨

543
comfortable
[kʌ́mfərtəbl]

형 편안한, 안락한   반 uncomfortable 불편한

a **comfortable** sofa **편안한** 소파
These new shoes are not **comfortable**. 이 새 신발은 **편하지** 않다.
*comfort 명 안락, 편안함

544
convenient
[kənví:njənt]

형 편리한, 간편한   반 inconvenient 불편한

It is very **convenient** to use. 그것은 사용하기에 아주 **편리하다**.
Technology makes life **convenient**.
과학 기술은 생활을 **편리하게** 만들어 준다.
*convenience 명 편리, 편의

545
invest
[invést]

동 (돈·시간·노력 등을) 투자하다

invest a lot of time 많은 시간을 **투자하다**
They plan to **invest** in a new business. 그들은 새 사업에 **투자할** 계획이다.
*investment 명 투자

546
harvest
[hά:rvist]

동 수확하다, 추수하다 명 수확, 추수

Now it's time to **harvest**. 이제 **수확할** 때가 되었다.
Autumn is **harvest** time. 가을은 수확의 시기이다.

547
method
[méθəd]

명 (체계적인) 방법, 방식   유 way 방법, 방식

the scientific **method** 과학적인 **방법**
use new teaching **methods** 새로운 교수**법**을 사용하다

548
material
[mətíəriəl]

명 1. 재료 2. 자료   형 물질적인

Wood is used as a building **material**. 목재는 건축 **재료**로 사용된다.
teaching **materials** 교육 자료
material comforts 물질적인 위안

549
advantage
[ædvǽntidʒ]

명 유리한 점, 이점, 장점 반 disadvantage 불리한 점, 약점

the **advantages** of modern technology   현대 과학 기술의 장점들
one **advantage** of using the Internet   인터넷 사용의 한 가지 장점

550
provide
[prəváid]

동 제공하다, 공급하다 유 offer 제공하다, supply 공급하다

provide useful information   유용한 정보를 제공하다
The hotel **provides** great service.   그 호텔은 뛰어난 서비스를 제공한다.

551
succeed
[səksíːd]

동 1. 성공하다 반 fail 실패하다 2. 뒤를 잇다, 계승하다

If you work hard, you'll **succeed**.   열심히 노력하면 너는 성공할 것이다.
He **succeeded** his father as president of the company.
그는 아버지의 뒤를 이어 그 회사의 회장이 되었다.

552
success
[səksés]

명 성공, 성과 반 failure 실패

What's the secret of your **success**?   당신의 성공 비결은 뭔가요?
The investment was a big **success**.   그 투자는 대성공이었다.

*successful 형 성공적인

553
proceed
[prəsíːd]

동 1. (계속) 진행하다; 진행되다 2. (특정 방향으로) 나아가다

Our project is **proceeding** smoothly.
우리 프로젝트는 순조롭게 진행되고 있다.
We **proceeded** slowly along the street.   우리는 길을 따라 천천히 나아갔다.

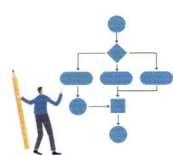

554
process
[práses]

명 과정, 절차 동 1. (식품 등을) 가공하다 2. (서류 등을) 처리하다

That **process** will take a month.   그 과정은 한 달이 걸릴 것이다.
The hams and sausages are **processed**.   그 햄과 소시지는 가공된 것이다.
process data   데이터를 처리하다

*processed 형 가공된

555
figure
[fígjər]

명 1. 수치 2. 숫자 3. (중요한) 인물

Our sales **figures** are up this month.   이달에 우리 매출 수치(매출액)가 올랐다.
a public **figure**   공인, 유명 인사

556
improve
[imprúːv]

동 개선되다, 나아지다; 개선하다

This month's sales figures are **improving**.
이달의 매출 수치가 나아지고 있다.
We're trying to **improve** our services.
우리는 우리의 서비스를 개선하기 위해 노력하고 있다.

557
educate
[édʒukèit]

동 교육하다

She was **educated** in the U.K. 그녀는 영국에서 **교육받았다**.
It costs a lot to **educate** a child. 아이를 **교육하는** 데는 많은 비용이 든다.

558
education
[èdʒukéiʃən]

명 교육

get an **education** 교육을 받다
She got a good **education**. 그녀는 좋은 교육을 받았다.

559
get better

더 나아지다, 더 좋아지다 반 get worse 더 나빠지다, 더 악화되다

I hope you **get better** soon. 빨리 나으시길 바랍니다.
Her Korean is **getting better**. 그녀의 한국어는 더 나아지고 있다.

560
succeed in

~에 성공하다 반 fail in ~에 실패하다

Our team **succeeded in** an important project. 우리 팀은 중요한 프로젝트를 성공시켰다.
I finally **succeeded in** solving the problem. 나는 마침내 그 문제를 해결하는 데 성공했다.

Check Up

A 각 영어 단어의 우리말 뜻을 쓰세요.

1. technology _____
2. perfect _____
3. comfortable _____
4. invest _____
5. method _____
6. advantage _____
7. provide _____
8. success _____
9. proceed _____
10. improve _____
11. educate _____
12. succeed in _____

B 우리말에 맞게 빈칸에 알맞은 말을 넣으세요.

1. 편안한 소파   a _____ sofa
2. 편리한 생활   a _____ life
3. 많은 시간을 투자하다   _____ a lot of time
4. 그 과정은 한 달이 걸릴 것이다.   That _____ will take a month.
5. 그녀의 영어는 더 나아지고 있다.   Her English is _____ better.

Picture Review

● 그림이 나타내는 단어를 <보기>에서 골라, 우리말 뜻과 함께 쓰세요.

| technology |
| material |
| harvest |
| education |
| succeed |
| comfortable |
| figure |
| perfect |

1.

2.

3.

4.

5.

6.

7.

8.

DAY 25-28 Review Test 07

A 그림을 보고, 빈칸에 들어갈 알맞은 알파벳을 쓰세요.

1.
compli_____

2.
dis_____

3.
st_____

4.
em_____

5.
in_____

6.
har_____

7.
ca_____

8.
engi_____

9.
com_____

10.
con_____

B 그림을 보고, 빈칸에 알맞은 단어를 넣으세요.

recommend   university   trust   technology   doubt   professor

1. technology
2. trust
3. doubt
4. recommend
5. university
6. professor

C 우리말과 같은 뜻이 되도록 빈칸에 알맞은 단어/숙어를 넣으세요.

burst into   challenge   memory   interesting   interested in

1. 울음을 터뜨리다   _____ tears
2. 좋은 추억을 갖고 있다   have a good _____
3. 도전을 받아들이다   accept a _____
4. 역사에 관심이 있다   be _____ history
5. 흥미로운 영화   an _____ movie

D 주어진 단어와 반대의 뜻을 가진 단어를 <보기>에서 골라 쓰세요.

succeed	boring	complicated	bored

1. simple _____
2. fail _____
3. interesting _____
4. interested _____

E 주어진 단어와 비슷한 뜻을 가진 단어를 <보기>에서 골라 쓰세요.

provide	recommend	trust	fear

1. scare _____
2. believe _____
3. offer _____
4. suggest _____

F 우리말 뜻에 알맞은 단어/숙어를 <보기>에서 골라 문장을 완성하세요.

satisfied with	at last	succeeded in	take place

1. 나는 내 직업[커리어]에 만족한다.

   I'm _____ my career.

2. 그 콘서트는 토요일에 열린다.

   The concert will _____ on Saturday.

3. 그들은 중요한 프로젝트를 성공시켰다.

   They _____ an important project.

4. 마침내 우리는 알래스카에 도착했다.

   We arrived in Alaska _____.

G 읽을 수 있는 단어에 체크한 후, 우리말 뜻을 빈칸에 써 보세요.

- [ ] emotion _____
- [ ] complicated _____
- [ ] memory _____
- [ ] miss _____
- [ ] horror _____
- [ ] satisfied _____
- [ ] disappointed _____
- [ ] embarrass _____
- [ ] bother _____
- [ ] trouble _____
- [ ] soul _____
- [ ] remember _____
- [ ] remind _____
- [ ] trust _____
- [ ] doubt _____
- [ ] happen _____
- [ ] reason _____
- [ ] suggest _____
- [ ] recommend _____
- [ ] request _____

- [ ] career _____
- [ ] challenge _____
- [ ] employ _____
- [ ] hire _____
- [ ] lawyer _____
- [ ] judge _____
- [ ] justice _____
- [ ] invent _____
- [ ] discover _____
- [ ] effort _____
- [ ] technology _____
- [ ] perfect _____
- [ ] comfortable _____
- [ ] convenient _____
- [ ] invest _____
- [ ] advantage _____
- [ ] provide _____
- [ ] proceed _____
- [ ] improve _____
- [ ] educate _____

Review Test 07

DAY 29 Listen & Say 1 2 3

561
global
[glóubəl]

형 세계적인, 지구의

global issues 세계적인 문제들
global warming 지구 온난화
target the **global** market 세계 시장을 겨냥하다

*globe 명 지구본

562
climate
[kláimit]

명 기후 유 weather 날씨

climate change 기후 변화
That region has a dry **climate**. 그 지역은 건조한 **기후**를 가지고 있다.

563
temperature
[témpərətʃər]

명 1. 온도, 기온 2. 체온 *thermometer 온도계

measure **temperature** 온도를 측정하다, 기온을 재다
The average global **temperature** is rising.
지구의 평균 기온이 오르고 있다.
Let me take your **temperature**. 네 체온을 좀 재어 봐야겠다.

564
degree
[digríː]

명 1. (온도·각도의) 도 2. 정도, 범위

The temperature has risen by two **degrees**. 기온이 2도 올랐다.
Water boils at 100 **degrees** Celsius. 물은 섭씨 100도에서 끓는다.
a high **degree** of skill 고도의 기술

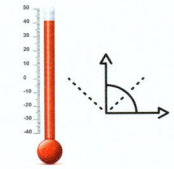

565
cause
[kɔːz]

명 원인 유 reason 원인, 이유 동 ~의 원인이 되다, ~을 야기하다

the **cause** of climate change 기후 변화의 원인
What **causes** climate change? 무엇이 기후 변화를 야기하는가?

566
effect
[ifékt]

명 영향, 결과, 효과

The war had a big **effect** on them. 전쟁은 그들에게 큰 영향을 미쳤다.
cause and **effect** 원인과 결과
sound **effects** 음향 효과

*effective 형 효과적인

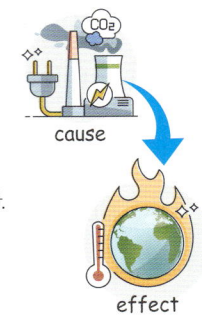

567
flood
[flʌd]

명 홍수 반 drought 가뭄 동 물에 잠기다, 범람하다

The heavy rain caused **floods**. 그 폭우가 홍수를 초래했다.
The village **flooded** last summer. 그 마을은 작년 여름에 물에 잠겼다.

568
shelter
[ʃéltər]

명 1. 피난, 대피 2. 대피소 3. 보호소

take **shelter** from the flood 홍수로부터 대피하다[대피소를 찾다]
an animal **shelter** 동물 보호소

569
wave
[weiv]

명 파도, 물결 동 손을 흔들다

Children are playing in the **waves**. 아이들이 **파도** 속에서 놀고 있다.
They **waved** at us. 그들은 우리에게 손을 흔들었다.

570
cliff
[klif]

명 절벽, 벼랑

the **cliff** edge 벼랑 끝
We are nearing the climate **cliff**. 우리는 기후 **절벽**에 다가가고 있다.

571
major
[méidʒər]

형 주요한, 중대한 유 main 주된, 주요한 명 (대학의) 전공
동 (~ in) 전공하다

a **major** cause of global warming 지구 온난화의 주요 원인
Her **major** is history. 그녀의 전공은 역사이다.
She **majored** in history at Harvard. 그녀는 하버드에서 역사를 전공했다.

572
minor
[máinər]

형 작은, 중요하지 않은 명 (대학의) 부전공 동 (~ in) 부전공을 하다

a **minor** road (주요 도로가 아닌) 작은 도로
I **minored** in mathematics in college.
나는 대학에서 수학을 부전공했다.

573
freeze
[fri:z]

동 1. 얼다; 얼리다 2. (추워서) 몸이 꽁꽁 얼다 (froze-frozen)

Water **freezes** at 0 degrees Celsius. 물은 섭씨 0도에서 언다.
I nearly **froze** to death. 나는 거의 얼어 죽을 뻔했다.

*freezing 형 몹시 추운

574
melt
[melt]

동 녹다; 녹이다

The ice began to **melt**. 얼음이 녹기 시작했다.
The snow soon **melted** away. 눈은 곧 녹아 없어졌다.

575
flow
[flou]

동 흐르다, 흘러가다 명 흐름

Rivers **flow** into the ocean. 강은 바다로 흘러간다.
the **flow** of traffic 차량[교통]의 흐름

576
float
[flout]

동 1. 뜨다, 떠오르다 2. 흘러가다

Wood **floats** on water. 나무는 물에 뜬다.
Clouds were **floating** across the sky. 하늘에는 구름이 떠가고 있었다.

577
symbol
[símbəl]

⑱ 상징, 기호

a recycling **symbol** 재활용 상징[기호]
A heart shape is the **symbol** of love. 하트 모양은 사랑의 **상징**이다.
*symbolize ⑱ 상징하다

578
represent
[rèprizént]

⑱ 1. 나타내다, 상징하다 = stand for 2. 대표하다

It **represents** love. 그것은 사랑을 **나타낸다**.
The president **represents** the country. 대통령은 그 나라를 **대표한다**.

579
a few

(수가) 조금 있는, 몇몇의, 몇 개의 *few (수가) 거의 없는

He has **a few** friends. 그는 친구가 **몇** 명 있다.
There are **a few** problems with the plan. 그 계획에는 **몇** 가지 문제가 있다.

580
a little

(양이) 약간 있는, 약간의, 조금의 *little (양이) 거의 없는

There is **a little** water in the glass. 유리잔에 물이 **조금** 있다.
We still have **a little** time left. 우리에겐 아직 시간이 **조금** 남아 있다.

Check Up

A 각 영어 단어의 우리말 뜻을 쓰세요.

1. global _____   2. climate _____
3. cause _____   4. effect _____
5. flood _____   6. wave _____
7. major _____   8. minor _____
9. freeze _____   10. flow _____
11. float _____   12. represent _____

B 우리말에 맞게 빈칸에 알맞은 말을 넣으세요.

1. 지구 온난화   _____ warming
2. 기후 변화   _____ change
3. 원인과 결과   _____ and effect
4. 그는 친구가 몇 명 있다.   He has _____ friends.
5. 유리잔에 물이 조금 있다. There is _____ water in the glass.

Picture Review

● 그림이 나타내는 단어를 <보기>에서 골라, 우리말 뜻과 함께 쓰세요.

1.

2.

| cliff |
| freeze |
| temperature |
| flood |
| shelter |
| symbol |
| melt |
| float |

3.

4.

5.

6.

7.

8.

DAY 29 149

DAY 30

Listen & Say 1 2 3

581
solar
[sóulər]

형 1. 태양의 2. 태양열을 이용한 *lunar 달의

the **solar** system   태양계
solar power   태양 에너지
a **solar** calendar   (태)양력

582
planet
[plǽnit]

명 행성

the **planets** in our solar system   우리 태양계의 **행성들**
There are eight **planets** in our solar system.
우리 태양계에는 8개의 **행성**이 있다.

583
Mercury
[mə́ːrkjuri]

명 수성 *mercury 수은

Mercury is the smallest planet in the solar system.
수성은 태양계에서 가장 작은 행성이다.
Mercury is the closest to the sun. 수성은 태양에 가장 가깝다.

584
Venus
[víːnəs]

명 1. 금성 2. 비너스 (로마 신화의 미의 여신)

Venus is the brightest planet. 금성은 가장 밝은 행성이다.
You can see **Venus** with just your eyes. 육안으로 **금성**을 볼 수 있다.

585
Earth
[əːrθ]

명 1. 지구 2. (earth) 땅, 지면

the planet **Earth**   지구(라는 행성)
Earth is the third planet from the sun.
지구는 태양으로부터 세 번째 행성이다.

586
Mars
[mɑːrz]

명 1. 화성 2. 마르스 (로마 신화의 전쟁의 신)

Mars is often called the Red Planet.
화성은 흔히 '붉은 행성'이라고 불린다.
Mars was the Roman god of war. 마르스는 로마의 전쟁의 신이었다.

587
Jupiter
[dʒúːpitər]

명 목성

Jupiter is the largest planet. 목성은 가장 큰 행성이다.
Jupiter is about 300 times bigger than Earth.
목성은 지구보다 약 300배 더 크다.

588
Saturn
[sǽtərn]

명 토성

Saturn has huge rings around it.
토성은 그 주위에 커다란 고리를 가지고 있다.

학습일: 월   일

589
Uranus
[júərənəs]

명 천왕성

Uranus was discovered in 1781. 천왕성은 1781년에 발견되었다.

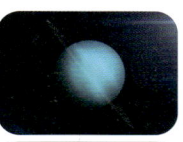

590
Neptune
[néptjuːn]

명 해왕성

Neptune was discovered in 1846. 해왕성은 1846년에 발견되었다.
Neptune is the coldest planet. 해왕성은 가장 추운 행성이다.

591
orbit
[ɔ́ːrbit]

동 (~의 주위를) 궤도를 그리며 돌다 명 궤도

All the planets **orbit** the sun. 모든 행성은 태양 주위를 돈다.
The moon **orbits** Earth. 달은 지구 주위를 돈다.
the Earth's **orbit**   지구의 궤도

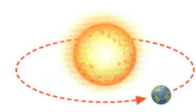

592
spin
[spin]

동 (빙빙) 돌다, 회전하다; 돌리다 유 rotate 회전하다, 자전하다 명 회전, 돌기

Earth **spins**. 지구는 돈다.
The figure skater began to **spin** faster and faster.
그 피겨 스케이팅 선수는 점점 더 빨리 돌기 시작했다.

593
telescope
[téləskòup]

명 망원경

Scientists use **telescopes** to see stars.
과학자들은 별을 보기 위해 **망원경**을 사용한다.
the James Webb Space **Telescope**   제임스 웹 우주 망원경

594
hole
[houl]

명 구멍, 구덩이

The moon has **holes** called craters. 달은 분화구라는 **구멍들**을 가지고 있다.
You can see the **holes** with a telescope.
망원경으로 그 **구멍들**을 볼 수 있다.
a black **hole**   블랙홀

595
observe
[əbzə́ːrv]

동 1. 관찰하다, 관측하다 2. (규칙 등을) 준수하다

He likes to **observe** stars. 그는 별을 관측하는 것을 좋아한다.
observe the law   법을 준수하다

596
research
[risə́ːrtʃ]

동 연구하다, 조사하다 명 [ríːsəːrtʃ] 연구, 조사

Scientists **research** stars and planets.
과학자들은 별과 행성들을 연구한다.
scientific **research**   과학적 연구

597
launch

[lɔːntʃ]

동 1. (로켓 등을) 발사하다 2. (상품을) 출시하다 명 발사, 개시

launch a rocket into space 우주로 로켓을 **발사하다**
launch a new product 새 상품을 **출시하다**
a missile **launch** 미사일 **발사**

598
explore

[ikspló:r]

동 탐험하다, 탐사하다

Astronauts will **explore** Mars someday.
언젠가 우주 비행사들은 화성을 **탐험할** 것이다.

It's time to **explore** other solar systems.
이제 다른 태양계를 **탐험할** 때이다.

*explorer 명 탐험가

599
be famous for

~로 유명하다 = be known for

Saturn **is famous for** its beautiful rings. 토성은 아름다운 고리**로 유명하다**.
Mars **is famous for** its red soil. 화성은 붉은 토양**으로 유명하다**.

600
be known as

~로 알려져 있다 (별칭·별명·자격 등)

Mars **is** also **known as** the Red Planet. 화성은 또한 '붉은 행성'**으로 알려져 있다**.
He **is known as** the first man on the moon. 그는 달에 간 최초의 사람**으로 알려져 있다**.

Check Up

A 각 영어 단어의 우리말 뜻을 쓰세요.

1. planet _____
2. Mercury _____
3. Venus _____
4. Jupiter _____
5. Saturn _____
6. Uranus _____
7. Neptune _____
8. orbit _____
9. spin _____
10. launch _____
11. explore _____
12. be famous for _____

B 우리말에 맞게 빈칸에 알맞은 말을 넣으세요.

1. 태양계   the _____ system
2. 지구의 궤도   the Earth's _____
3. 별과 행성들을 연구하다   _____ stars and planets
4. 우주로 로켓을 발사하다   _____ a rocket into space
5. 화성은 '붉은 행성'으로 알려져 있다. Mars is _____ as the Red Planet.

152

Picture Review

● 그림이 나타내는 단어를 <보기>에서 골라, 우리말 뜻과 함께 쓰세요.

1.

2.

3.

4.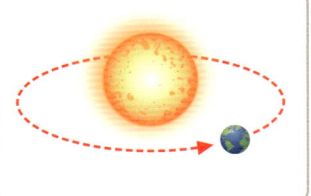

5.

6.

7.

8.

observe

telescope

Earth

planet

Mars

launch

hole

orbit

DAY 31

Listen & Say 1 2 3

601
universe
[júːnəvèːrs]

명 (the -) 우주, 은하계, 삼라만상 유 cosmos 우주

How did the **universe** begin? 우주는 어떻게 생겨났을까?
everything in the **universe** 우주에 존재하는 모든 것
*universal 형 일반적인, 보편적인

602
galaxy
[gǽləksi]

명 1. 은하계 2. (the G-) 은하수 = the Milky Way

The universe is all of the **galaxies**. 우주는 모든 은하계를 말한다.
Our Milky Way Galaxy is one of many **galaxies** in the universe.
우리 은하계는 우주의 많은 은하계 중의 하나이다.

603
surface
[sə́ːrfis]

명 표면, 겉

the Earth's **surface** 지구의 표면
The **surface** of the road was rough. 도로의 표면은 울퉁불퉁했다.

604
layer
[léiər]

명 층, 겹, 막

the ozone **layer** 오존층
The Earth is made up of three **layers**. 지구는 세 개의 층으로 이루어져 있다.
*lay 동 놓다, 두다

605
atmosphere
[ǽtməsfìər]

명 1. (지구의) 대기, (특정 장소의) 공기 2. 분위기

The Earth's **atmosphere** is divided into five layers.
지구의 대기는 다섯 개의 층으로 나뉜다.
in a relaxed **atmosphere** 편안한 분위기 속에서

606
extremely
[ikstríːmli]

부 극도로, 극히, 매우 유 very 아주, 매우

Space is **extremely** cold. 우주는 극도로 춥다.
extremely difficult math problems 매우 어려운 수학 문제들
*extreme 형 극도의, 극심한

607
surround
[səráund]

동 둘러싸다, 에워싸다

The atmosphere **surrounds** the Earth. 대기가 지구를 에워싸고 있다.
The Earth is **surrounded** by the atmosphere.
지구는 대기에 둘러싸여 있다.

608
cover
[kʌ́vər]

동 1. 덮다, 씌우다 2. 다루다, 포함시키다 3. 감추다, 숨기다

Water **covers** most of the Earth. 물은 지구의 대부분을 덮고 있다.
This price **covers** all the expenses. 이 가격은 모든 비용을 포함한다.
try to **cover** a mistake 잘못을 숨기려 하다

609
shadow
[ʃǽdou]

명 1. 그림자 2. 어둠, 그늘

light and **shadows** 빛과 그림자
In the **shadows**, something moved. 어둠 속에서 뭔가가 움직였다.

610
block
[blɑk]

동 막다, 차단하다 명 1. 사각형 덩어리 2. 구역

block the sun's light 햇빛을 차단하다
When light is **blocked**, there is a shadow.
빛이 **차단되면** 그림자가 생긴다.
live on the same **block** 같은 **구역**에 살다

611
possible
[pάsəbl]

형 가능한, 있을 수 있는

Is it **possible** to live on Mars? 화성에서 사는 게 **가능할까**?
At this stage, anything is **possible**. 이 단계에서는 무엇이든 **가능하다**.

612
impossible
[impάsəbl]

형 불가능한, 있을 수 없는

an **impossible** mission **불가능한** 임무
Nothing is **impossible**. 불가능한 것은 아무것도 없다.

613
if
[if]

접 1. (만약) ~라면 2. ~인지 (아닌지)

If there were no sun, the Earth would be dark.
태양이 없다**면** 지구는 캄캄할 것이다.
I'm not sure **if** it is true. 그것이 사실**인지 아닌지** 나는 잘 모르겠다.
He asked me **if** I liked it. 그는 내게 그것을 좋아하**는지** 물었다.

614
whether
[hwéðər]

접 1. ~인지 (아닌지) = if 2. ~이든 (아니든)

He asked me **whether** I liked it. 그는 내게 그것을 좋아하**는지** 물었다.
I don't care **whether** you go or not. 네가 가든 말든 난 상관없다.

615
without
[wiðáut]

전 1. ~ 없이 2. ~이 없으면

We can't live **without** food. 우리는 음식 **없이** 살 수 없다.
Without light, we would not be able to see.
빛이 없으면 우리는 볼 수 없을 것이다.

616
exist
[igzíst]

동 존재하다, 실재하다

Does life **exist** on other planets? 다른 행성들에도 생명이 **존재할까**?
Life can't **exist** without water. 생물체는 물 없이는 **존재할** 수 없다.

617
protect
[prətékt]

ⓥ 보호하다, 지키다 ㉠ save 구하다, 지키다

We have to **protect** nature. 우리는 자연을 **보호해야** 한다.
We wear masks to **protect** our health.
우리는 건강을 **지키기** 위해 마스크를 쓴다.

618
harm
[hɑːrm]

ⓥ 해치다, 손상시키다 ⓝ 해, 손해

Be careful not to **harm** the animals. 동물들을 **해치지** 않도록 조심해라.
do no **harm** 해를 끼치지 않다, 해가 되지 않다

619
as soon as possible

가능한 한 빨리 = ASAP

Please reply to me **as soon as possible**. 가능한 한 빨리 답장 주세요.
I'll call you **as soon as possible**. 가능한 한 빨리 네게 전화할게.

620
as fast as you can

할 수 있는 한 빨리, 최대한 빨리

Spin the wheel **as fast as you can**. 최대한 빨리 그 바퀴를 돌려라.
Come **as fast as you can**. 최대한 빨리 와라.

Check Up

A 각 영어 단어의 우리말 뜻을 쓰세요.

1. universe _____
2. atmosphere _____
3. extremely _____
4. possible _____
5. impossible _____
6. if _____
7. whether _____
8. without _____
9. exist _____
10. protect _____
11. harm _____
12. as fast as you can _____

B 우리말에 맞게 빈칸에 알맞은 말을 넣으세요.

1. 지구의 표면 the Earth's _____
2. 오존층 the ozone _____
3. 빛과 그림자 light and _____
4. 네가 가든 말든 난 상관없다. I don't care _____ you go or not.
5. 가능한 한 빨리 답장 주세요. Please reply to me _____.

156

Picture Review

● 그림이 나타내는 단어를 <보기>에서 골라, 우리말 뜻과 함께 쓰세요.

1.

2.

3.

4.

| galaxy |
| layer |
| surface |
| surround |
| shadow |
| atmosphere |
| protect |
| block |

5.

6.

7.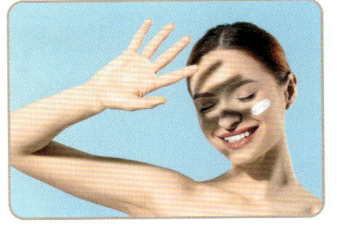

8.

DAY 31 157

DAY 32

Listen & Say 1 2 3

621
continent
[ká:ntinənt]

명 대륙

the **continent** of Asia 아시아 **대륙**
There are seven **continents** on the Earth. 지구에는 7개의 **대륙**이 있다.

622
ocean
[óuʃən]

명 대양, 바다

the Pacific **Ocean** 태평양
the Atlantic **Ocean** 대서양
the Indian **Ocean** 인도양

623
natural
[nǽtʃərəl]

형 1. 자연의 2. 자연스러운, 당연한 3. 타고난

natural mineral water 천연 광천수
a **natural** result 당연한 결과
He's a **natural** poet. 그는 타고난 시인이다.

*nature 명 자연

624
especially
[ispéʃəli]

부 1. 특히 2. 특별히 유 particularly 특히

I love all animals, **especially** giraffes.
나는 모든 동물을, **특히** 기린을 사랑한다.
I made it **especially** for you. 난 **특별히** 너를 위해서 그것을 만들었어.

625
environment
[inváiərənmənt]

명 1. (the -) 자연 환경 2. (주변의) 환경

protect the **environment** 자연 환경을 보호하다
a good working **environment** 좋은 근무 환경

626
pollute
[pəlú:t]

동 오염시키다, 더럽히다

pollute the environment 환경을 오염시키다
The factory is **polluting** the air. 그 공장은 공기를 오염시키고 있다.

*pollution 명 오염, 공해

627
root
[ru:t]

명 1. (식물의) 뿌리 2. 기원, 뿌리 3. (문제의) 근원

thick tree **roots** 굵은 나무 **뿌리들**
She enjoys **root** vegetables. 그녀는 **뿌리** 채소를 즐겨 먹는다.
find the **root** of the problem 문제의 **근원**을 찾다

628
branch
[bræntʃ]

명 1. 나뭇가지 2. 지사, 분점

Birds are sitting on the tree **branch**. **나뭇가지** 위에 새들이 앉아 있다.
The bank has **branches** all over the country. 그 은행은 전국에 **지점**이 있다.

629
stem [stem]

⑲ 1. (식물의) 줄기, 대 2. (가늘고 긴) 손잡이 부분

Stems hold up the plant. 줄기는 그 식물을 지탱해 준다.
Wine glasses have long **stems**. 와인 잔은 긴 손잡이가 있다.

630
bark [bɑːrk]

⑲ 1. 나무껍질 2. (개 등이) 짖는 소리 ⑧ (개가) 짖다

rough tree **bark** 거친 나무껍질
The dog **barked** all night. 그 개는 밤새도록 짖었다.

631
lay [lei]

⑧ 1. (알을) 낳다 2. (살며시) 놓다, 두다 3. (바닥에) 깔다 (laid-laid)

Birds **lay** eggs. 새들은 알을 낳는다.
She **laid** the baby on the bed. 그녀는 아기를 침대에 눕혔다.
lay a carpet 카펫을 깔다

632
hatch [hætʃ]

⑧ (알 등이) 부화하다; 부화시키다

The eggs are about to **hatch**. 그 알들은 막 부화가 되려 한다.
Ten chicks **hatched**. 병아리 10마리가 부화했다.

633
hide [haid]

⑧ 1. 숨다 2. 감추다, 숨기다 (hid-hidden)

hide behind trees 나무 뒤에 숨다
try to **hide** from dangerous animals
위험한 동물들로부터 숨으려 애쓰다
He **hid** his face in his hands. 그는 두 손으로 얼굴을 가렸다.

634
seek [siːk]

⑧ 1. 찾다 ㉨ search 찾다 2. 구하다, 청하다 (sought-sought)

Hungry bears are **seeking** food. 배고픈 곰들이 먹이를 찾고 있다.
seek help 도움을 구하다
play hide-and-**seek** 숨바꼭질을 하다

635
chase [tʃeis]

⑧ 뒤쫓다, 추격하다 ㉨ follow (뒤를) 따라가다 ⑲ 추적, 추격

A lion is **chasing** zebras. 사자가 얼룩말들을 뒤쫓고 있다.
a car **chase** 자동차 추격

636
cruel [krúːəl]

⑱ 잔인한, 잔혹한

Some animals are **cruel**. 어떤 동물들은 잔인하다.
Don't be **cruel** to animals.
동물에게 잔인하게 굴지 마라(동물을 학대하지 마라).

637
bite [bait]

통 1. (이빨로) 물다 2. (곤충·뱀 등이) 물다 (bit–bitten) 명 한 입(의 음식)

She **bit** into the apple. 그녀는 사과를 베어 물었다.
He was **bitten** by a snake. 그는 뱀에게 물렸다.
Let's grab a **bite** to eat. 간단히 뭐 좀 먹자.

638
chew [tʃuː]

통 1. (음식을) 씹다 2. (계속) 물어뜯다

The steak was tough and hard to **chew**.
그 스테이크는 질겨서 씹기 힘들었다.
The dog was **chewing** on a bone. 그 개는 뼈다귀를 물어뜯고 있었다.

639
run after

~을 따라가다, ~을 뒤쫓다, ~을 쫓아다니다

Why do dogs **run after** cats? 왜 개들은 고양이를 쫓아다닐까?
My dog loves to **run after** a ball. 내 개는 공을 쫓아다니는 것을 좋아한다.

640
chase after

~을 뒤쫓다, ~을 좇다[추구하다]

The police **chased after** the thief. 경찰은 그 도둑을 뒤쫓았다[추격했다].
He is always **chasing after** rainbows. 그는 항상 무지개를 좇는다(허황된 꿈을 꾼다).

Check Up

A 각 영어 단어의 우리말 뜻을 쓰세요.

1. continent _____
2. natural _____
3. especially _____
4. environment _____
5. pollute _____
6. root _____
7. hatch _____
8. seek _____
9. chase _____
10. cruel _____
11. chew _____
12. run after _____

B 우리말에 맞게 빈칸에 알맞은 말을 넣으세요.

1. 아시아 대륙   the _____ of Asia
2. 환경을 오염시키다   _____ the environment
3. 알을 낳다   _____ eggs
4. 숨바꼭질을 하다   play hide-and-_____
5. 경찰은 그 도둑을 뒤쫓았다. The police _____ the thief.

Picture Review

● 그림이 나타내는 단어를 <보기>에서 골라, 우리말 뜻과 함께 쓰세요.

1.

2.

3.

4.

5.

6.

7.

8.

| ocean |
| continent |
| chase |
| bite |
| branch |
| lay |
| stem |
| hatch |

Review Test 08

DAY 29-32

A 그림을 보고, 빈칸에 들어갈 알맞은 알파벳을 쓰세요.

1.  cli_____

2.  tempera_____

3.  uni_____

4.  tele_____

5.  con_____

6.  environ_____

7.  ex_____

8.  atmos_____

9.  pro_____

10.  re_____

B 그림을 보고, 빈칸에 알맞은 단어를 넣으세요.

surround   launch   pollute   flood   orbit   float

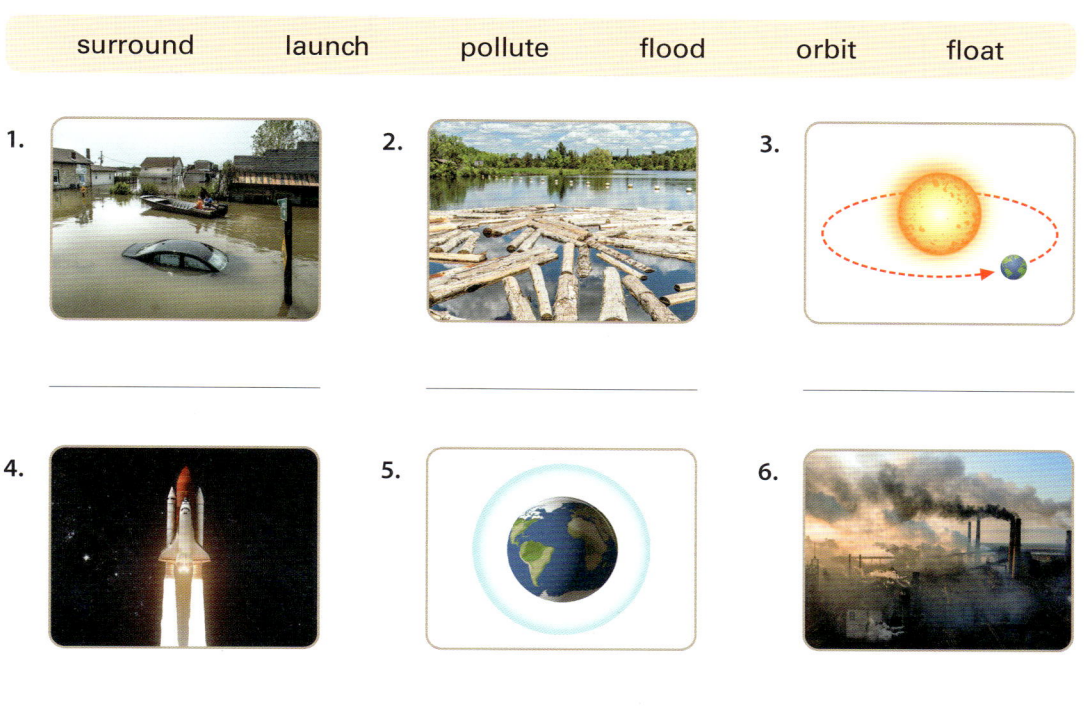

1. flood
2. float
3. orbit
4. launch
5. surround
6. pollute

C 우리말과 같은 뜻이 되도록 빈칸에 알맞은 단어/숙어를 넣으세요.

protect   launch   block   chase after   as soon as

1. 새 상품을 출시하다 _____ a new product
2. 햇빛을 차단하다 _____ the sun's light
3. 가능한 한 빨리 _____ possible
4. 환경을 보호하다 _____ the environment
5. 무지개를 좇다(허황된 꿈을 꾸다) _____ rainbows

Review Test 08   163

D 주어진 단어와 반대의 뜻을 가진 단어를 <보기>에서 골라 쓰세요.

| effect | impossible | freeze | minor |

1. cause _____
2. major _____
3. melt _____
4. possible _____

E 주어진 단어와 비슷한 뜻을 가진 단어를 <보기>에서 골라 쓰세요.

| seek | chase | represent | observe |

1. stand for _____
2. watch _____
3. follow _____
4. search _____

F 우리말 뜻에 알맞은 단어/숙어를 <보기>에서 골라 문장을 완성하세요.

| surrounded by | known as | global temperature | famous for |

1. 지구의 평균 기온이 오르고 있다.
   The average _____ is rising.

2. 화성은 붉은 토양으로 유명하다.
   Mars is _____ its red soil.

3. 화성은 또한 '붉은 행성'으로 알려져 있다.
   Mars is also _____ the Red Planet.

4. 지구는 대기에 둘러싸여 있다.
   The Earth is _____ the atmosphere.

G 읽을 수 있는 단어에 체크한 후, 우리말 뜻을 빈칸에 써 보세요.

☐ global	_____	☐ universe	_____
☐ climate	_____	☐ galaxy	_____
☐ cause	_____	☐ surface	_____
☐ effect	_____	☐ atmosphere	_____
☐ flood	_____	☐ extremely	_____
☐ shelter	_____	☐ impossible	_____
☐ wave	_____	☐ if	_____
☐ major	_____	☐ whether	_____
☐ minor	_____	☐ exist	_____
☐ flow	_____	☐ harm	_____
☐ solar	_____	☐ continent	_____
☐ planet	_____	☐ natural	_____
☐ orbit	_____	☐ especially	_____
☐ spin	_____	☐ environment	_____
☐ telescope	_____	☐ pollute	_____
☐ hole	_____	☐ hatch	_____
☐ observe	_____	☐ seek	_____
☐ research	_____	☐ chase	_____
☐ launch	_____	☐ cruel	_____
☐ explore	_____	☐ chew	_____

Irregular Verbs 불규칙 동사표

1. A-B-C 형 (원형, 과거형, 과거분사형의 형태가 모두 다른 동사)

원형(현재형)	과거형	과거분사형	의미
be	was/were	been	~이다, (~에) 있다
begin	began	begun	시작하다
blow	blew	blown	(바람이) 불다
break	broke	broken	깨다, 부서지다
choose	chose	chosen	선택하다, 고르다
do	did	done	하다
draw	drew	drawn	그리다
drink	drank	drunk	마시다
drive	drove	driven	운전하다
eat	ate	eaten	먹다
fall	fell	fallen	떨어지다
fly	flew	flown	날다
forget	forgot	forgotten	잊다
forgive	forgave	forgiven	용서하다
freeze	froze	frozen	얼다, 얼리다
give	gave	given	주다
go	went	gone	가다
grow	grew	grown	자라다, 성장하다
hide	hid	hidden	숨다, 감추다
know	knew	known	알다
lie	lay	lain	눕다, 누워 있다
ride	rode	ridden	(탈것에) 타다
ring	rang	rung	(종 등이) 울리다
rise	rose	risen	오르다, 올라가다
see	saw	seen	보다
shake	shook	shaken	흔들다
sing	sang	sung	노래하다
speak	spoke	spoken	말하다
steal	stole	stolen	훔치다
swim	swam	swum	수영하다
take	took	taken	가지고 가다, 데려가다
throw	threw	thrown	던지다

원형(현재형)	과거형	과거분사형	의미
wake	woke	woken	(잠에서) 깨다
wear	wore	worn	입다, 걸치다
write	wrote	written	쓰다

2. A-B-B 형 (과거형과 과거분사형의 형태가 같은 동사)

원형(현재형)	과거형	과거분사형	의미
bring	brought	brought	가져오다, 데려오다
build	built	built	짓다, 건설하다
buy	bought	bought	사다
catch	caught	caught	잡다
deal	dealt	dealt	다루다
dream	dreamed/dreamt	dreamed/dreamt	꿈을 꾸다
feel	felt	felt	느끼다
fight	fought	fought	싸우다
find	found	found	찾다
get	got	got/gotten	얻다, 구하다
hang	hung	hung	걸다
have	had	had	가지다
hear	heard	heard	듣다
hold	held	held	쥐다, 들다
keep	kept	kept	유지하다
lead	led	led	이끌다
learn	learned/learnt	learned/learnt	배우다
leave	left	left	떠나다
lend	lent	lent	빌려주다
lose	lost	lost	잃어버리다
make	made	made	만들다
mean	meant	meant	의미하다
meet	met	met	만나다
pay	paid	paid	지불하다
say	said	said	말하다
sell	sold	sold	팔다
send	sent	sent	보내다

원형(현재형)	과거형	과거분사형	의미
shine	shone	shone	빛나다
shoot	shot	shot	(총 등을) 쏘다
sit	sat	sat	앉다
sleep	slept	slept	자다
spend	spent	spent	쓰다, 소비하다
stand	stood	stood	서다, 서 있다
teach	taught	taught	가르치다
tell	told	told	말하다
think	thought	thought	생각하다
understand	understood	understood	이해하다
win	won	won	이기다

3. A-A-A 형 (원형, 과거형, 과거분사형의 형태가 모두 같은 동사)

원형(현재형)	과거형	과거분사형	의미
cost	cost	cost	(비용이) 들다
cut	cut	cut	자르다
fit	fit	fit	맞다, 적합하다
hit	hit	hit	치다, 때리다
hurt	hurt	hurt	다치게 하다
let	let	let	~하게 하다
put	put	put	두다, 놓다
read [riːd]	read [red]	read [red]	읽다
set	set	set	놓다, 차리다
spread	spread	spread	펼치다, 펴다
upset	upset	upset	속상하게 하다

4. A-B-A 형 (원형과 과거분사형의 형태가 같은 동사)

원형(현재형)	과거형	과거분사형	의미
become	became	become	~이 되다
come	came	come	오다
run	ran	run	달리다

Comparatives & Superlatives 형용사·부사의 비교급과 최상급

1.

원형	비교급	최상급
cold	colder	coldest
dark	darker	darkest
fast	faster	fastest
hard	harder	hardest
high	higher	highest
kind	kinder	kindest
long	longer	longest
old	older	oldest
short	shorter	shortest
slow	slower	slowest
small	smaller	smallest
smart	smarter	smartest
strong	stronger	strongest
sweet	sweeter	sweetest
tall	taller	tallest

2.

원형	비교급	최상급
large	larger	largest
nice	nicer	nicest
safe	safer	safest
wise	wiser	wisest

3.

원형	비교급	최상급
big	bigger	biggest
fat	fatter	fattest
hot	hotter	hottest
sad	sadder	saddest
thin	thinner	thinnest

4.

원형	비교급	최상급
busy	busier	busiest
dirty	dirtier	dirtiest
dry	drier	driest

early	earlier	earliest
easy	easier	easiest
happy	happier	happiest
heavy	heavier	heaviest

5.

원형	비교급	최상급
beautiful	more beautiful	most beautiful
careful	more careful	most careful
difficult	more difficult	most difficult
exciting	more exciting	most exciting
expensive	more expensive	most expensive
famous	more famous	most famous
important	more important	most important
intelligent	more intelligent	most intelligent
interesting	more interesting	most interesting
popular	more popular	most popular
talkative	more talkative	most talkative

6.

원형	비교급	최상급
bad	worse	worst
far	farther/further	farthest/furthest
good	better	best
little	less	least
many	more	most
much	more	most

ANSWER KEY

DAY 01

Check Up .... p. 8

A 1. 준비가 된 2. 준비하다, 대비하다, (음식을) 준비하다
3. 조언, 충고 4. 공급, 보급품, 준비물; 공급하다
5. 중요한 6. 회의 7. 서류, 문서, (컴퓨터) 문서(파일)
8. 종이, 서류, 문서, 신문, 과제물, 리포트
9. 공무상의, 공식적인; (고위) 공무원, 관리
10. 복사(본), 베끼기, 한 부; 복사하다, 베끼다
11. 인쇄하다, 프린트를 하다, 출판하다, 발행하다
12. ~에 대한 준비를 하다, ~할 준비를 하다

B 1. prepare/get ready 2. advice 3. official
4. sign 5. ready

Picture Review .... p. 9

1. prepare 준비하다, 대비하다, (음식을) 준비하다
2. uniform 제복, 교복, 유니폼
3. meeting 회의
4. document 서류, 문서, (컴퓨터) 문서(파일)
5. sign 서명하다; 표지판, 몸짓, 신호, 징조
6. title 제목, 표제; 제목을 붙이다
7. label 라벨, 상표; 라벨을 붙이다
8. mark 표시하다; 자국, 흔적

DAY 02

Check Up .... p. 12

A 1. (~에게) 인사하다, 맞이하다
2. 별명, 애칭; 별명을 붙이다
3. 놀리다, 괴롭히다
4. 알아차리다; 주의, 주목, 공고문, 통지, 예고
5. 일, 사안; 중요하다, 문제가 되다
6. 견해, 의견, 관점, 경치, 전망
7. 참석하다, (~에) 다니다 8. 주목, 주의, 관심, 흥미
9. 반복하다, 되풀이하다; 반복 10. 기간, 시기, 시대
11. 졸업하다; 졸업생 12. ~을 놀리다

B 1. absent 2. focus 3. review
4. get along 5. teasing/making fun of

Picture Review .... p. 13

1. bow 절하다, 인사하다; 인사
2. nickname 별명, 애칭; 별명을 붙이다

3. attend 참석하다, (~에) 다니다
4. absent 결석한, 결근한, 없는, 부재의
5. repeat 반복하다, 되풀이하다; 반복
6. final 마지막의, 최종적인; 결승전, 기말 시험
7. graduate 졸업하다; 졸업생
8. congratulate 축하하다, 기뻐하다

DAY 03

Check Up .... p. 16

A 1. 미술관, 화랑 2. 전시하다, 보여주다; 전시, 진열
3. ~까지; ~할 때까지 4. 소중한, 귀중한, 값비싼
5. 다양한, 여러 가지의 6. 극장, 영화관
7. 자리, 좌석 8. 공연하다, 행하다, 해내다
9. 기막히게 좋은, 굉장한, 대단한
10. 현대의, 현대적인, 최신의
11. 오늘날에는, 요즘에; 오늘날
12. ~하곤 했었다, ~이었다

B 1. valuable 2. display 3. perform
4. manners 5. until

Picture Review .... p. 17

1. gallery 미술관, 화랑
2. collection 수집, 수집품, 소장품, 컬렉션
3. drawing 그림, 소묘, 데생
4. master 대가, 거장, 주인; 숙달하다, 통달하다
5. theater 극장, 영화관 6. stage 무대, 단계, 시기
7. opera 오페라, 가극
8. audience 청중, 관객, 시청자, 청취자

DAY 04

Check Up .... p. 20

A 1. 웃기는, 코미디의, 희극의; 만화(책)
2. 등장인물, 성격, 성질, 특성 3. 사악한, 악마의; 악
4. 나타나다, 출연하다, ~인 것 같다
5. 갑자기 6. 규칙적으로, 정기적으로
7. 영화관, 영화 8. 익숙한, 낯익은, 친숙한
9. 시, 운문 10. 공상, 환상, 공상적인 작품
11. 수수께끼, 불가사의, 미스터리
12. 사실, 사실은, 실제는

B 1. character 2. joke 3. humor
4. scene 5. familiar with

6. poem 시, 운문
7. well-known 잘 알려진, 유명한
8. mystery 수수께끼, 불가사의, 미스터리

Picture Review .... p. 21
1. evil 사악한, 악마의; 악
2. angel 천사, 천사 같은 사람
3. appear 나타나다, 출연하다, ~인 것 같다
4. disappear 사라지다, 없어지다
5. regularly 규칙적으로, 정기적으로

DAY 01-04 Review Test 01 pp. 22-25

A 1. attend 2. attention
3. valuable 4. various
5. graduate 6. congratulate
7. gallery 8. mystery
9. theater 10. character

B 1. evil 2. suddenly 3. regularly
4. angel 5. perform 6. awesome

C 1. prepare for 2. get along 3. focus on
4. on display 5. humor

D 1. attend 2. disappear 3. familiar 4. review

E 1. movie theater 2. tease 3. well-known
4. display

F 1. noticed 2. graduated from
3. familiar with 4. appears

G
☐ ready	준비가 된		☐ gallery	미술관, 화랑
☐ prepare	준비하다, 대비하다, (음식을) 준비하다		☐ display	전시하다, 보여주다; 전시, 진열
☐ advice	조언, 충고		☐ until	~까지; ~할 때까지
☐ supply	공급, 보급품, 준비물; 공급하다		☐ valuable	소중한, 귀중한, 값비싼
☐ important	중요한		☐ various	다양한, 여러 가지의
☐ document	서류, 문서, (컴퓨터) 문서(파일)		☐ theater	극장, 영화관
☐ official	공무상의, 공식적인; (고위) 공무원, 관리		☐ stage	무대, 단계, 시기
☐ sign	서명하다; 표지판, 몸짓, 신호, 징조		☐ perform	공연하다, 행하다, 해내다
☐ copy	복사(본), 베끼기, 한 부; 복사하다, 베끼다		☐ audience	청중, 관객, 시청자, 청취자
☐ mark	표시하다; 자국, 흔적		☐ modern	현대의, 현대적인, 최신의
☐ greet	(~에게) 인사하다, 맞이하다		☐ comic	웃기는, 코미디의, 희극의; 만화(책)
☐ tease	놀리다, 괴롭히다		☐ character	등장인물, 성격, 성질, 특성
☐ matter	일, 사안; 중요하다, 문제가 되다		☐ evil	사악한, 악마의; 악
☐ view	견해, 의견, 관점, 경치, 전망		☐ joke	농담, 익살; 농담하다
☐ attend	참석하다, (~에) 다니다		☐ appear	나타나다, 출연하다, ~인 것 같다
☐ absent	결석한, 결근한, 없는, 부재의		☐ suddenly	갑자기
☐ attention	주목, 주의, 관심, 흥미		☐ regularly	규칙적으로, 정기적으로
☐ focus	초점, 주목; 집중하다, 집중시키다		☐ familiar	익숙한, 낯익은, 친숙한
☐ repeat	반복하다, 되풀이하다; 반복		☐ well-known	잘 알려진, 유명한
☐ graduate	졸업하다; 졸업생		☐ fantasy	공상, 환상, 공상적인 작품

DAY 05

Check Up .... p. 28

Ⓐ 1. 연결하다, 잇다, 접속하다
   2. 연결하다, 접속하다; 관련(성), 연결
   3. 무선의; 무선 (시스템) 4. 누르다; 신문, 언론
   5. 체계, 시스템, 제도, 체제
   6. 창작하다, 만들다, 창조하다
   7. 작동하다, 효과가 있다, 일하다 8. 아직도, 여전히
   9. 연락, 접촉; 연락하다
   10. 대답하다, 답장을 보내다; 대답, 응답
   11. 대답하다, 응답하다, 반응하다, 대응하다
   12. (~와) 연락이 끊어지다

Ⓑ 1. wireless 2. account 3. keep
   4. lose 5. Enter

Picture Review .... p. 29

1. connect 연결하다, 잇다, 접속하다
2. wire 철사, 선, 전선 3. mouse 마우스, 쥐
4. account (컴퓨터) 계정, (은행) 계좌
5. create 창작하다, 만들다, 창조하다
6. enter 들어가다, 적어 넣다, 기입하다
7. contact 연락, 접촉; 연락하다
8. reply 대답하다, 답장을 보내다; 대답, 응답

DAY 06

Check Up .... p. 32

Ⓐ 1. 저장하다, 보관하다; 가게
   2. 게시하다, 발송하다; 게시글, 우편(물)
   3. 즉각적인, 즉석의, 인스턴트의
   4. 반응하다, 반응을 보이다
   5. 정보 6. 원천, 근원, 출처, 정보원, 소식통
   7. 찾기, 검색; 찾다, 수색하다
   8. 접근, 접속; 접속하다, 접근하다
   9. 실용적인, 유용한, 현실적인 10. 유용한, 유익한
   11. 직접적인; 총괄하다, 감독[연출]하다
   12. ~을 찾다

Ⓑ 1. store 2. information 3. search
   4. direct 5. resulted

Picture Review .... p. 33

1. machine 기계, 기계 장치
2. tool 도구, 연장, 수단, 방편
3. monitor 화면, 모니터; 추적 관찰하다, 모니터하다
4. disk 원반, CD, 디스크
5. load (짐을) 싣다, 로딩하다; 짐, 화물
6. instant 즉각적인, 즉석의, 인스턴트의
7. search 찾기, 검색; 찾다, 수색하다
8. result 결과; 발생하다, 생기다

DAY 07

Check Up .... p. 36

Ⓐ 1. 사회의, 사회적인, 사교적인
   2. 의사소통을 하다, 연락을 주고받다
   3. 교환하다, 주고받다; 교환, 거래
   4. 관련 있는, 서로 관련된
   5. 세부 사항, 자세한 내용[정보]
   6. 지원하다, 신청하다, 적용하다, 적용되다
   7. 강력한, 영향력 있는 8. 인상적인, 감명 깊은
   9. 다루다, 처리하다; 거래, 합의
   10. 다루다, 처리하다, 만지다; 손잡이
   11. 치우다, 옮기다, 제거하다, 없애다
   12. 기록하다, 녹음하다; 기록, 음반

Ⓑ 1. social 2. apply 3. deal
   4. application/app 5. related

Picture Review .... p. 37

1. network 망, 관계, 통신망, 네트워크
2. exchange 교환하다, 주고받다; 교환, 거래
3. dictionary 사전
4. application 지원서, 신청서, 응용 프로그램
5. powerful 강력한, 영향력 있는
6. delete 삭제하다, 지우다
7. diary 일기, 일기장
8. record 기록하다, 녹음하다; 기록, 음반

DAY 08

Check Up .... p. 40

Ⓐ 1. 전설, 전설적인 인물 2. 직업의, 프로의; 프로 (선수)
   3. 리그, 연맹, 동맹

4. 개발하다, 성장[발달]하다, 성장[발달]시키다
5. 기본, 기초, 기본적인 것들
6. (~에) 기반을 둔, (~을) 기반으로 한   7. 전쟁, 싸움
8. ~ 건너편에, ~ 맞은편에; (정)반대의, 맞은편의
9. 공격하다, 습격하다; 공격   10. 방어하다, 지키다
11. 파괴하다, 파멸시키다   12. 패배시키다, 물리치다

B 1. online   2. electronic   3. professional/pro
4. according   5. based

Picture Review .... p. 41
1. **legend** 전설, 전설적인 인물
2. **champion** 챔피언, 선수권 대회 우승자
3. **electronic** 전자의, 컴퓨터로 제어되는, 인터넷을 이용한
4. **produce** 생산하다, 만들어 내다, 낳다, 초래하다
5. **battle** 전투, 투쟁; 싸우다, 투쟁하다
6. **enemy** 적, 원수, 적국, 적군
7. **destroy** 파괴하다, 파멸시키다
8. **defeat** 패배시키다, 물리치다

DAY 05-08 Review Test 02   pp. 42-45

A 1. connect   2. contact
3. practical   4. social
5. useful   6. powerful
7. machine   8. exchange
9. dictionary   10. diary

B 1. mouse   2. network   3. application
4. impressive   5. opposite   6. destroy

C 1. keep in touch   2. lose contact   3. apply for
4. communicate   5. according to

D 1. wireless   2. online   3. delete   4. defend

E 1. connect   2. create   3. respond   4. practical

F 1. log in   2. work   3. resulted in
4. related to

G
□ connect	연결하다, 잇다, 접속하다
□ wireless	무선의; 무선 (시스템)
□ press	누르다; 신문, 언론
□ system	체계, 시스템, 제도, 체제
□ account	(컴퓨터) 계정, (은행) 계좌
□ create	창작하다, 만들다, 창조하다
□ work	작동하다, 효과가 있다, 일하다
□ still	아직도, 여전히
□ contact	연락, 접촉; 연락하다
□ reply	대답하다, 답장을 보내다; 대답, 응답
□ machine	기계, 기계 장치
□ store	저장하다, 보관하다; 가게
□ post	게시하다, 발송하다; 게시글, 우편(물)
□ instant	즉각적인, 즉석의, 인스턴트의
□ information	정보
□ source	원천, 근원, 출처, 정보원, 소식통
□ search	찾기, 검색; 찾다, 수색하다
□ practical	실용적인, 유용한, 현실적인
□ direct	직접적인; 총괄하다, 감독[연출]하다
□ result	결과; 발생하다, 생기다
□ social	사회의, 사회적인, 사교적인
□ communicate	의사소통을 하다, 연락을 주고받다
□ exchange	교환하다, 주고받다; 교환, 거래
□ related	관련 있는, 서로 관련된
□ detail	세부 사항, 자세한 내용[정보]
□ apply	지원하다, 신청하다, 적용하다, 적용되다
□ powerful	강력한, 영향력 있는
□ impressive	인상적인, 감명 깊은
□ remove	치우다, 옮기다, 제거하다, 없애다
□ record	기록하다, 녹음하다; 기록, 음반
□ legend	전설, 전설적인 인물
□ professional	직업의, 프로의; 프로 (선수)
□ develop	개발하다, 성장[발달]하다, 성장[발달]시키다
□ produce	생산하다, 만들어 내다, 낳다, 초래하다
□ based	(~에) 기반을 둔, (~을) 기반으로 한
□ battle	전투, 투쟁; 싸우다, 투쟁하다
□ enemy	적, 원수, 적국, 적군
□ attack	공격하다, 습격하다; 공격
□ defend	방어하다, 지키다
□ destroy	파괴하다, 파멸시키다

DAY 09

Check Up .... p. 48

A 1. 공동체, 지역 사회, 집단, 사회   2. 시민, 국민, 주민
3. 자원봉사자, 자원자; 자원하다
4. 공통의, 공동의, 흔한, 평범한
5. 드문, 보기 힘든, 희귀한
6. 존경하다, 존중하다; 존경(심), 경의
7. 존경, 공경, 명예, 영광; 기리다
8. 대하다, 다루다, 취급하다, 치료하다
9. 공평한, 공정한; 박람회
10. 호의, 친절, 부탁, 지지, 찬성
11. 축하하다, 기념하다   12. 어려움에 처한, 궁핍한

B 1. common   2. respect   3. holiday
4. in common   5. favor

Picture Review .... p. 49
1. community 공동체, 지역 사회, 집단, 사회
2. citizen 시민, 국민, 주민
3. equally 똑같이, 동등하게, 평등하게
4. parade 퍼레이드, 가두 행진; 퍼레이드를 하다
5. army 군대, 육군   6. soldier 군인, 병사
7. celebrate 축하하다, 기념하다
8. decorate 장식하다, 꾸미다

DAY 10

Check Up .... p. 52

A 1. 의무, 직무, 세금   2. 투표하다; 투표, 표결
3. 권리, 오른쪽; 옳은, 오른쪽의   4. 선출하다, 선택하다
5. 선택하다, 선발하다   6. 이끌다, 인도하다; 선두
7. 연설, 강연, 말하기, 말
8. 일하다, 복무하다, (음식을) 제공하다, 응대하다
9. 책임지고 있는, 책임이 있는
10. 지지하다, 지원하다, 떠받치다, 부양하다
11. 돕다, 조력하다
12. ~ 담당이다, ~을 책임지고[총괄하고] 있다

B 1. mayor   2. chief   3. speech
4. charge   5. responsible

Picture Review .... p. 53
1. law 법, 법률   2. vote 투표하다; 투표, 표결

3. president 대통령, 회장, 사장
4. chairman 의장, 회장, 위원장
5. select 선택하다, 선발하다
6. speech 연설, 강연, 말하기, 말
7. serve 일하다, 복무하다, (음식을) 제공하다, 응대하다
8. support 지지하다, 지원하다, 떠받치다, 부양하다

DAY 11

Check Up .... p. 56

A 1. 옮기다, 이동하다, 갈아타다; 이동, 환승
2. 차량, 탈것
3. 대중의, 공공의, 공립의; 일반 사람들, 대중
4. 사적인, 개인의, 사립의
5. (시간이) 걸리다, (탈것을) 타다, 가지고 가다
6. 배달하다
7. 속도; 빨리 가다, 속도 위반을 하다
8. 한도, 제한; 제한하다
9. 수수료, 공공 요금, 회비   10. 사고, 우연, 우연한 일
11. (버스·기차·비행기 등)을 내리다   12. 무료로

B 1. transfer   2. traffic   3. speeding
4. license   5. takes

Picture Review .... p. 57
1. transportation 수송, 운송, 교통[운송] 수단
2. goods 상품, 제품, 물품
3. delivery 배달, 인도
4. traffic (도로의) 차량들, 교통(량)
5. limit 한도, 제한; 제한하다
6. license 면허, 자격증; 허가하다
7. accident 사고, 우연, 우연한 일
8. ambulance 구급차, 앰뷸런스

DAY 12

Check Up .... p. 60

A 1. 동쪽; 동쪽의; 동쪽으로   2. 서쪽; 서쪽의; 서쪽으로
3. 방향, 지시, 명령, 지휘, 감독
4. 어디든지, 어딘가에, 아무 데도
5. ~을 향하다, 직면하다; 얼굴
6. 찾아내다, 알아내다, (특정 위치에) 두다
7. 나누다, 쪼개다, 나뉘다, 분배하다

8. 종류, 유형; 분류하다
9. ~을 통해[통과하여], ~을 지나서[거쳐]
10. 길, 오솔길, 산책로, 경로, 방향
11. 길, 발자국, 선로; 추적하다 12. ~와 같은

B 1. North 2. direction 3. located
4. divided 5. stands

2. south 남쪽; 남쪽의; 남쪽으로
3. direction 방향, 지시, 명령, 지휘, 감독
4. toward ~ 쪽으로, ~을 향하여
5. location 위치, 소재, 장소
6. divide 나누다, 쪼개다, 나뉘다, 분배하다
7. countryside 시골 지역, 전원 지대
8. route 길, 경로, 루트, 노선

Picture Review .... p. 61
1. north 북쪽; 북쪽의; 북쪽으로

DAY 09-12 Review Test 03   pp. 62-65

A 1. celebrate 2. decorate
3. pre<u>sident</u> 4. acci<u>dent</u>
5. e<u>lect</u> 6. se<u>lect</u>
7. d<u>ivi</u>rection 8. location
9. d<u>ivi</u>de 10. country<u>side</u>

B 1. volunteer 2. deliver 3. neighbor
4. serve 5. traffic 6. ambulance

C 1. in common 2. in charge of 3. limit
4. direction 5. go through

D 1. rare 2. private 3. fair 4. equally

E 1. select 2. lead 3. assist 4. transfer

F 1. respect 2. responsible for 3. took
4. located in

G
- community 공동체, 지역 사회, 집단, 사회
- citizen 시민, 국민, 주민
- volunteer 자원봉사자, 자원자; 자원하다
- common 공통의, 공동의, 흔한, 평범한
- respect 존경하다, 존중하다; 존경(심), 경의
- honor 존경, 공경, 명예, 영광; 기리다
- treat 대하다, 다루다, 취급하다, 치료하다
- fair 공평한, 공정한; 박람회
- favor 호의, 친절, 부탁, 지지, 찬성
- soldier 군인, 병사
- law 법, 법률
- duty 의무, 직무, 세금
- vote 투표하다; 투표, 표결
- right 권리, 오른쪽; 옳은, 오른쪽의
- president 대통령, 회장, 사장
- elect 선출하다, 선택하다
- speech 연설, 강연, 말하기, 말
- responsible 책임지고 있는, 책임이 있는
- support 지지하다, 지원하다, 떠받치다, 부양하다
- assist 돕다, 조력하다

- transportation 수송, 운송, 교통[운송] 수단
- transfer 옮기다, 이동하다, 갈아타다; 이동, 환승
- vehicle 차량, 탈것
- public 대중의, 공공의, 공립의; 일반 사람들, 대중
- private 사적인, 개인의, 사립의
- take (시간이) 걸리다, (탈것을) 타다, 가지고 가다
- delivery 배달, 인도
- license 면허, 자격증; 허가하다
- fee 수수료, 공공 요금, 회비
- accident 사고, 우연, 우연한 일
- direction 방향, 지시, 명령, 지휘, 감독
- anywhere 어디든지, 어딘가에, 아무 데도
- face ~을 향하다, 직면하다; 얼굴
- locate 찾아내다, 알아내다, (특정 위치에) 두다
- divide 나누다, 쪼개다, 나뉘다, 분배하다
- sort 종류, 유형; 분류하다
- through ~을 통해[통과하여], ~을 지나서[거쳐]
- path 길, 오솔길, 산책로, 경로, 방향
- track 길, 발자국, 선로; 추적하다
- route 길, 경로, 루트, 노선

DAY 13

Check Up .... p. 68

A
1. (장거리) 여행, 여정; 여행하다   2. 외국의
3. (특정) 지역의, 현지의   4. 예약하다, 예매하다; 책
5. 예약하다, (따로) 남겨 두다   6. 취소하다
7. 지연시키다, 지체하다; 지연, 지체
8. 승선하다, 탑승하다, 탑승에 들어가다
9. 떠나다, 출발하다
10. (~에) 이르다, 도착하다, (손이) 닿다
11. 드디어, 마침내, 끝으로, 마지막으로
12. ~에 도착하다, ~에 도달하다

B
1. foreign   2. local   3. flight
4. reserve/book   5. going

Picture Review .... p. 69
1. tour 관광 (여행); 순회하다, 관광하다
2. flight 비행기 여행, 비행, 항공편, 항공기
3. book 예약하다, 예매하다; 책   4. cancel 취소하다
5. port 항구 (도시), 항만, 무역항   6. passport 여권
7. board 승선하다, 탑승하다, 탑승에 들어가다
8. land 착륙하다, 상륙하다; 육지, 땅

DAY 14

Check Up .... p. 72

A
1. 국가, 나라, 주, 상태   2. 수도, 중심지, 자본금, 대문자
3. 평화로운, 평화적인   4. 지방, 지역
5. 전체의, 온   6. 배경, 배후 사정
7. 지식, 인식, 이해   8. 모험, 모험심
9. 기대하다, 예상하다, 기다리다
10. 경험하다, 겪다; 경험, 체험
11. 충돌하다, 추락하다; 충돌, 추락 사고
12. (지나는 길에) 잠시 들르다

B
1. entire/whole   2. native   3. tradition
4. knowledge   5. bumped/ran

Picture Review .... p. 73
1. capital 수도, 중심지, 자본금, 대문자
2. peaceful 평화로운, 평화적인
3. whole 전체의, 모든, 온전한   4. tradition 전통
5. coast 해안, 연안
6. rail (철도의) 레일, 기차, 철도, 난간
7. station 역, 정거장, (특정한) 장소, 건물
8. crash 충돌하다, 추락하다; 충돌, 추락 사고

DAY 15

Check Up .... p. 76

A
1. 생산물, 상품, 제품   2. 물품, 품목, 항목
3. 판매, 세일, 할인 판매   4. 값, 가격; ~에 값을 매기다
5. 구입, 구매; 구입하다, 구매하다
6. 평균의, 보통의, 평범한; 평균
7. 보통의, 평범한, 정상적인; 보통, 정상
8. (돈을) 쓰다, 소비하다, (시간을) 보내다
9. 소비하다, 소모하다, 먹다, 마시다
10. 얻다, 입수하다, 받다, 벌다
11. 매년의, 연간의   12. 급여를 받다

B
1. average   2. tax   3. earn
4. discount   5. on sale

Picture Review .... p. 77
1. product 생산물, 상품, 제품
2. discount 할인; 할인하다
3. price 값, 가격; ~에 값을 매기다
4. purchase 구입, 구매; 구입하다, 구매하다
5. expensive 비싼, 돈이 많이 드는
6. cheap 싼, 돈이 적게 드는
7. annual 매년의, 연간의   8. salary 급여, 봉급, 월급

DAY 16

Check Up .... p. 80

A
1. 소득, 수입   2. 비용, 지출
3. 예산, (지출 예상) 비용   4. 빚, 부채
5. 제안하다, 제공하다; 제안, 제의
6. 받아들이다, 수락하다
7. 증가하다, 인상되다, 인상하다; 증가, 인상
8. 비교하다, 비유하다   9. 불평하다, 항의하다
10. 돌아오다[가다], 반납하다; 돌아옴, 반납
11. 환불하다, 반환하다; 환불(금)
12. (~에 대한) 답례로, 보답으로

B 1. budget 2. debts 3. groceries
4. refund 5. on my way
7. bill 고지서, 청구서, 계산서, 지폐
8. compare 비교하다, 비유하다

Picture Review .... p. 81
1. increase 증가하다, 인상되다, 인상하다; 증가, 인상
2. decrease 줄다, 줄이다; 감소, 하락
3. grocery 식료품, 식료품점
4. counter 계산대, 판매대
5. cashier 출납계, 계산원   6. receipt 영수증

DAY 13-16 Review Test 04   pp. 82-85

A 1. grocery 2. salary
3. expense 4. expensive
5. capital 6. normal
7. average 8. knowledge
9. budget 10. debt

B 1. journey 2. foreign 3. passport
4. experience 5. product 6. receipt

C 1. flight 2. tradition 3. Native
4. compare 5. on my way

D 1. depart 2. purchase 3. expense
4. decrease

E 1. reserve 2. whole 3. reach 4. accept

F 1. foreign country 2. delayed by
3. going to 4. expecting

G
☐ journey	(장거리) 여행, 여정; 여행하다		☐ product	생산물, 상품, 제품
☐ foreign	외국의		☐ item	물품, 품목, 항목
☐ local	(특정) 지역의, 현지의		☐ sale	판매, 세일, 할인 판매
☐ book	예약하다, 예매하다; 책		☐ price	값, 가격; ~에 값을 매기다
☐ reserve	예약하다, (따로) 남겨 두다		☐ purchase	구입, 구매; 구입하다, 구매하다
☐ cancel	취소하다		☐ average	평균의, 보통의, 평범한; 평균
☐ delay	지연시키다, 지체하다; 지연, 지체		☐ spend	(돈을) 쓰다, 소비하다, (시간을) 보내다
☐ board	승선하다, 탑승하다, 탑승에 들어가다		☐ consume	소비하다, 소모하다, 먹다, 마시다
☐ depart	떠나다, 출발하다		☐ get	얻다, 입수하다, 받다, 벌다
☐ reach	(~에) 이르다, 도착하다, (손이) 닿다		☐ annual	매년의, 연간의
☐ state	국가, 나라, 주, 상태		☐ income	소득, 수입
☐ capital	수도, 중심지, 자본금, 대문자		☐ expense	비용, 지출
☐ peaceful	평화로운, 평화적인		☐ budget	예산, (지출 예상) 비용
☐ region	지방, 지역		☐ offer	제안하다, 제공하다; 제안, 제의
☐ background	배경, 배후 사정		☐ accept	받아들이다, 수락하다
☐ knowledge	지식, 인식, 이해		☐ increase	증가하다, 인상되다, 인상하다; 증가, 인상
☐ adventure	모험, 모험심		☐ receipt	영수증
☐ expect	기대하다, 예상하다, 기다리다		☐ compare	비교하다, 비유하다
☐ experience	경험하다, 겪다; 경험, 체험		☐ complain	불평하다, 항의하다
☐ crash	충돌하다, 추락하다; 충돌, 추락 사고		☐ refund	환불하다, 반환하다; 환불(금)

DAY 17

Check Up .... p. 88

A 1. 인생, 삶, 생명, 목숨   2. 계속하다, 계속되다
   3. 계속되다, 지속되다; 마지막의, 지난
   4. 간신히 해내다, 경영하다, 관리하다
   5. 소유하다; ~ 자신의
   6. 설명하다, 이유를 대다, 해명하다
   7. 표현하다, 나타내다
   8. 용서하다, 봐주다, 변명하다; 변명, 핑계
   9. 용서하다, 눈감아주다; 용서, 사면
   10. 용서하다, 너그러이 봐주다
   11. 허락하다, 허용하다   12. ~할 수 있다

B 1. born   2. continue   3. last
   4. allowed   5. about to

Picture Review .... p. 89
   1. cycle 순환, 주기, 자전거
   2. born 태어나다; 타고난, 천부적인
   3. die 죽다, 사라지다, 없어지다
   4. raise 키우다, 기르다, (들어) 올리다, 인상하다
   5. belong (~에) 속하다, (~의) 소유이다, 제자리에 있다
   6. express 표현하다, 나타내다
   7. forgive 용서하다, 너그러이 봐주다
   8. smoke 연기; 담배를 피우다, 흡연하다

DAY 18

Check Up .... p. 92

A 1. 아픈, 병든, 메스꺼운, (~이) 지긋지긋한
   2. 병든, 건강이 나쁜; 나쁘게, 가혹하게
   3. 열, 열병, 흥분 (상태), 열기
   4. 고통, 통증; 고통스럽게 하다
   5. 아픔, 통증; 아프다, 쑤시다   6. 두통, 골칫거리
   7. 아픈, 따가운   8. 병, 질병   9. 약, 내복약, 의학, 의술
   10. 약, 의약품, (불법적인) 약물, 마약
   11. 시달리다, 고통받다, 겪다
   12. 치료하다, 치유하다; 치료, 치료법

B 1. cough   2. cold   3. disease
   4. suffer   5. sick of / sick and tired of

Picture Review .... p. 93
   1. ill 병든, 건강이 나쁜; 나쁘게, 가혹하게
   2. fever 열, 열병, 흥분 (상태), 열기
   3. cough 기침; 기침하다
   4. headache 두통, 골칫거리
   5. stomach 위, 복부, 배
   6. medicine 약, 내복약, 의학, 의술
   7. brain 뇌, 머리, 지능   8. blood 피, 혈액

DAY 19

Check Up .... p. 96

A 1. 치다, 때리다; 파업
   2. 구부리다, 구부러지다, (몸을) 굽히다, 숙이다
   3. 수리하다, 수선하다; 수리, 보수
   4. 수리하다, 고치다, 고정시키다, 정하다
   5. 화장실 변기, 화장실, 공중 화장실
   6. (식당·극장 등 공공장소의) 화장실
   7. 자동의, 기계적인, 무의식적인   8. 닦다, 훔치다
   9. 문지르다, 문질러 닦다, 비비다
   10. 채우다, 채워지다, 메우다
   11. 비어 있는; 비우다
   12. ~로 가득 차다, ~로 채워지다

B 1. edge   2. toilet   3. automatic
   4. sweep   5. take out

Picture Review .... p. 97
   1. ceiling 천장   2. shelf 선반, 책꽂이, (책장의) 칸
   3. frame 틀, 테두리, 뼈대, 골조; 틀[액자]에 넣다
   4. bend 구부리다, 구부러지다, (몸을) 굽히다, 숙이다
   5. restroom (식당·극장 등 공공장소의) 화장실
   6. vacuum 진공, 진공청소기; 진공청소기로 청소하다
   7. dust 먼지, 흙먼지; 먼지를 털다
   8. empty 비어 있는; 비우다

DAY 20

Check Up .... p. 100

A 1. 꽉 끼는, 꽉 조여 있는; 단단히, 꽉
   2. 꼭 맞다, 적합하다, 어울리다; 건강한
   3. 어울리다, 알맞다; 정장   4. (호)주머니, 포켓

5. 세탁물, 세탁, 세탁일
6. 걸다, 매달다, 걸리다, 매달리다   7. 접다, 개다
8. ~조차, ~도, 훨씬, 더욱   9. 더 나쁜, 더 심한
10. 쉬다, 휴식하다; 휴식, 나머지
11. 느긋이 쉬다, 휴식을 취하다, 긴장을 풀다
12. ~의 나머지, 나머지의 ~

B 1. loose   2. laundry   3. hang
4. worse   5. hang out

Picture Review .... p. 101
1. loose 헐렁한, 헐거운, 느슨한
2. tight 꽉 끼는, 꽉 조여 있는; 단단히, 꽉
3. button 단추, 버튼; 단추를 잠그다
4. wool 양털, 양모, 모직
5. sheet 시트, 한 장
6. blanket 담요; (완전히) 뒤덮다
7. iron 철, 쇠, 다리미; 다리미질을 하다
8. fold 접다, 개다

DAY 17-20   Review Test 05   pp. 102-105

A 1. explain   2. express
3. excuse   4. disease
5. headache   6. stomachache
7. strike   8. wipe
9. blanket   10. pocket

B 1. continue   2. smoke   3. forgive
4. medicine   5. brain   6. laundry

C 1. about to   2. cough   3. suffer from
4. take out   5. hang out

D 1. be born   2. empty   3. tight   4. worse

E 1. own   2. allow   3. cure   4. repair

F 1. lasted   2. managed to   3. belongs to
4. sick and tired of

G
☐ life	인생, 삶, 생명, 목숨
☐ continue	계속하다, 계속되다
☐ last	계속되다, 지속되다; 마지막의, 지난
☐ raise	키우다, 기르다, (들어) 올리다, 인상하다
☐ manage	간신히 해내다, 경영하다, 관리하다
☐ own	소유하다; ~ 자신의
☐ explain	설명하다, 이유를 대다, 해명하다
☐ pardon	용서하다, 눈감아주다; 용서, 사면
☐ forgive	용서하다, 너그러이 봐주다
☐ allow	허락하다, 허용하다
☐ ill	병든, 건강이 나쁜; 나쁘게, 가혹하게
☐ fever	열, 열병, 흥분 (상태); 열기
☐ pain	고통, 통증; 고통스럽게 하다
☐ ache	아픔, 통증; 아프다, 쑤시다
☐ sore	아픈, 따가운
☐ disease	병, 질병
☐ medicine	약, 내복약, 의학, 의술
☐ drug	약, 의약품, (불법적인) 약물, 마약
☐ suffer	시달리다, 고통받다, 겪다
☐ cure	치료하다, 치유하다; 치료, 치료법
☐ ceiling	천장
☐ shelf	선반, 책꽂이, (책장의) 칸
☐ frame	틀, 테두리, 뼈대, 골조; 틀[액자]에 넣다
☐ edge	가장자리, 모서리, (칼 등의) 날
☐ strike	치다, 때리다; 파업
☐ repair	수리하다, 수선하다; 수리, 보수
☐ restroom	(식당·극장 등 공공장소의) 화장실
☐ automatic	자동의, 기계적인, 무의식적인
☐ fill	채우다, 채워지다, 메우다
☐ empty	비어 있는; 비우다
☐ loose	헐렁한, 헐거운, 느슨한
☐ tight	꽉 끼는, 꽉 조여 있는; 단단히, 꽉
☐ fit	꼭 맞다, 적합하다, 어울리다; 건강한
☐ suit	어울리다, 알맞다; 정장
☐ wool	양털, 양모, 모직
☐ laundry	세탁물, 세탁, 세탁일
☐ hang	걸다, 매달다, 걸리다, 매달리다
☐ fold	접다, 개다
☐ rest	쉬다, 휴식하다; 휴식, 나머지
☐ relax	느긋이 쉬다, 휴식을 취하다, 긴장을 풀다

DAY 21

Check Up .... p. 108

Ⓐ 1. 거대한, 위대한; 거인   2. 거대한, 막대한
3. 넓은, 드넓은, 폭넓은, 다양한   4. 비슷한, 유사한, 닮은
5. 비슷한, 닮은   6. 곧은, 똑바른; 똑바로, 일직선으로
7. ~처럼 보이다, ~인 것 같다
8. 무게[체중]가 ~이다, 무게[체중]를 달다
9. 재다, 측정하다; 조치, 정책   10. 저울, 규모, 범위
11. 균형, 조화, 천칭 저울; 균형을 유지하다
12. ~와 비슷하다, ~와 닮았다

Ⓑ 1. broad   2. shallow   3. measure
4. seems   5. seem to

Picture Review .... p. 109

1. wide 넓은, 폭이 ~인, (범위가) 넓은
2. narrow 좁은, 가는, (범위가) 좁은, 간신히 이룬
3. similar 비슷한, 유사한, 닮은
4. scale 저울, 규모, 범위
5. curly 곱슬곱슬한, 곱슬머리의
6. straight 곧은, 똑바른; 똑바로, 일직선으로
7. weight 무게, 체중, (역도의) 웨이트, 역기
8. height 키, 높이, 고도

DAY 22

Check Up .... p. 112

Ⓐ 1. 아름다움, 미, 미인, 장점, 매력
2. 기가 막히게 좋은, 환상적인
3. 매력적인, 마음을 끄는, 매혹적인   4. 매력적인, 멋진
5. 단정한, 깔끔한, 뛰어난, 멋진
6. 끔찍한, 심한, 형편없는
7. 끔찍한, 지독한   8. 보통의, 일상적인, 평범한
9. 표준, 기준; 표준의, 일반적인
10. 정확히, 꼭, 틀림없이
11. 완전히, 전적으로
12. 치우다, 정리하다, 제자리에 두다

Ⓑ 1. beauty   2. spot   3. awful/terrible
4. ordinary   5. throw away

Picture Review .... p. 113

1. beast 짐승, 야수   2. gorgeous 아주 멋진, 화려한
3. spot 점, 얼룩, 곳, 장소; 발견하다, 찾다
4. beard 턱수염   5. tidy 깔끔한, 잘 정돈된
6. terrible 끔찍한, 심한, 형편없는
7. mirror 거울; 비추다, 반영하다
8. reflect 비추다, 반영하다, 반사하다

DAY 23

Check Up .... p. 116

Ⓐ 1. 성격, 인격, 특성, 개성   2. 각각의, 개인의; 개인
3. 외로운, 쓸쓸한   4. 활동적인, 적극적인
5. 활기[생기] 넘치는, 활발한
6. 친절한, 우호적인, ~하기 편한, ~ 친화적인
7. 명랑한, 쾌활한   8. 즐거운, 유쾌한, 기분 좋은
9. 말을 안 하는, 무언의, 조용한
10. ~이긴 하지만, ~에도 불구하고; 하지만
11. ~이긴 하지만, ~에도 불구하고
12. 비록 ~일지라도, ~에도 불구하고

Ⓑ 1. personality   2. crowded   3. friendly
4. silent   5. crowded with

Picture Review .... p. 117

1. crowded 붐비는, 혼잡한, ~이 가득한
2. lonely 외로운, 쓸쓸한
3. elderly 나이가 지긋한, 연세 드신; 어르신들
4. youth 젊음, 청춘, 젊은이들, 청년들
5. male 남성, 수컷; 남성의, 수컷의
6. female 여성, 암컷; 여성의, 암컷의
7. joyful 아주 기뻐하는, 기쁜, 즐거운
8. talkative 말하기를 좋아하는, 수다스러운

DAY 24

Check Up .... p. 120

Ⓐ 1. 창의적인, 창조적인, 창의력이 있는
2. 원래의, 독창적인; 원본
3. 상상하다, 그리다, ~라고 생각하다
4. 말하다, 묘사하다, 서술하다
5. (~이) 들어 있다, (~을) 담고 있다

6. 포함하다, 포함시키다
7. 자기 자신, 자아, 본성, 본모습
8. 이기적인, 자기 본위의
9. 못된, 심술궂은; 의미하다, 의도하다
10. 자랑스러운, 자랑스러워하는, 거만한
11. 참을성 있는, 인내심 있는; 환자
12. 혼자서, 혼자 힘으로

B 1. creative 2. original 3. patient
4. Wonders 5. proud of

Picture Review .... p. 121
1. imagination 상상력, 상상
2. illustrate 삽화를 넣다, 설명하다, 예시하다
3. contain (~이) 들어 있다, (~을) 담고 있다
4. myself 나 자신, 나 스스로
5. proud 자랑스러운, 자랑스러워하는, 거만한
6. shame 부끄러움, 수치심, 안타까운[유감스러운] 일
7. impatient 참을성이 없는, 안달하는
8. wonder 궁금하다, 궁금해하다; 놀라움, 경탄

DAY 21-24 Review Test 06   pp. 122-125

A 1. enor<u>mous</u> 2. gorgeous
3. nar<u>row</u> 4. shallow
5. cheer<u>ful</u> 6. delight<u>ful</u>
7. creat<u>ive</u> 8. attract<u>ive</u>
9. illustrate 10. describe

B 1. terrible 2. individual 3. crowded
4. measure 5. imagine 6. contain

C 1. straight hair 2. standard 3. throw away
4. silent 5. patient

D 1. narrow 2. mean 3. female 4. impatient

E 1. charming 2. similar 3. awful 4. reflect

F 1. alike 2. seems to 3. crowded with
4. be proud of

G
☐ giant	거대한, 위대한; 거인		☐ personality	성격, 인격, 특성, 개성
☐ broad	넓은, 드넓은, 폭넓은, 다양한		☐ individual	각각의, 개인의; 개인
☐ similar	비슷한, 유사한, 닮은		☐ crowded	붐비는, 혼잡한, ~이 가득한
☐ curly	곱슬곱슬한, 곱슬머리의		☐ lonely	외로운, 쓸쓸한
☐ straight	곧은, 똑바른; 똑바로, 일직선으로		☐ active	활동적인, 적극적인
☐ seem	~처럼 보이다, ~인 것 같다		☐ lively	활기[생기] 넘치는, 활발한
☐ measure	재다, 측정하다; 조치, 정책		☐ friendly	친절한, 우호적인, ~하기 편한, ~ 친화적인
☐ height	키, 높이, 고도		☐ delightful	즐거운, 유쾌한, 기분 좋은
☐ scale	저울, 규모, 범위		☐ talkative	말하기를 좋아하는, 수다스러운
☐ balance	균형, 조화, 천칭 저울; 균형을 유지하다		☐ silent	말을 안 하는, 무언의, 조용한
☐ beauty	아름다움, 미, 미인, 장점, 매력		☐ creative	창의적인, 창조적인, 창의력이 있는
☐ beast	짐승, 야수		☐ original	원래의, 독창적인; 원본
☐ fantastic	기가 막히게 좋은, 환상적인		☐ imagine	상상하다, 그리다, ~라고 생각하다
☐ charming	매력적인, 멋진		☐ describe	말하다, 묘사하다, 서술하다
☐ tidy	깔끔한, 잘 정돈된		☐ contain	(~이) 들어 있다, (~을) 담고 있다
☐ terrible	끔찍한, 심한, 형편없는		☐ include	포함하다, 포함시키다
☐ ordinary	보통의, 일상적인, 평범한		☐ selfish	이기적인, 자기 본위의
☐ reflect	비추다, 반영하다, 반사하다		☐ proud	자랑스러운, 자랑스러워하는, 거만한
☐ exactly	정확히, 꼭, 틀림없이		☐ patient	참을성 있는, 인내심 있는; 환자
☐ completely	완전히, 전적으로		☐ wonder	궁금하다, 궁금해하다; 놀라움, 경탄

DAY 25

Check Up .... p. 128

Ⓐ 1. 감정, 정서 2. 복잡한, 알기 어려운
3. 터지다, 터뜨리다, 불쑥 가다[오다]
4. 흥미가 있는, 관심[재미] 있어 하는
5. 그리워하다, 놓치다, 빗나가다
6. 공포, 공포감, ~의 참상
7. 만족한, 만족해하는 8. 실망한, 낙담한
9. 당황스럽게 만들다, 창피하게 하다
10. 괴롭히다, 귀찮게 하다, 신경 쓰다, 신경 쓰이게 하다
11. 어려움, 문제, 골칫거리; 괴롭히다
12. ~에 관심이 있다, ~에 흥미가 있다

Ⓑ 1. interesting 2. boring 3. satisfied
4. trouble 5. burst

Picture Review .... p. 129

1. interested 흥미가 있는, 관심[재미] 있어 하는
2. bored 지루해하는, 따분해하는
3. memory 기억, 기억력, 추억
4. fear 두려움, 공포; 두려워하다, 무서워하다
5. tear 눈물, 울음; 찢다, 찢어지다
6. burst 터지다, 터뜨리다, 불쑥 가다[오다]
7. satisfied 만족한, 만족해하는
8. embarrass 당황스럽게 만들다, 창피하게 하다

DAY 26

Check Up .... p. 132

Ⓐ 1. 정신, 기분, 마음 상태, 영혼 2. 기억하다, 기억나다
3. 상기시키다, 생각나게 하다
4. 신뢰하다, 믿다; 신뢰, 신임 5. 의심하다; 의심, 의혹
6. 일어나다, 발생하다, 우연히 ~하다
7. 이유, 원인, 이성, 제정신
8. 제안하다, 추천하다, 암시하다
9. 추천하다, 권고하다
10. 요청하다, 부탁하다; 요청, 부탁
11. 필요로 하다, 요구하다
12. 생각이 떠오르다, 생각나다

Ⓑ 1. souls 2. recommend/suggest 3. stress
4. request 5. take place/happen

Picture Review .... p. 133

1. soul 영혼, 혼, 정신, 마음
2. doubt 의심하다; 의심, 의혹
3. pray 기도하다, 빌다
4. realize 깨닫다, 알아차리다, 실현하다
5. suggest 제안하다, 추천하다, 암시하다
6. warn 경고하다, 주의를 주다
7. whisper 속삭이다, 소곤거리다; 속삭임
8. whistle 휘파람을 불다, 호각을 불다; 휘파람 (소리), 호각 (소리)

DAY 27

Check Up .... p. 136

Ⓐ 1. 직업, 경력, 이력, 커리어
2. 도전, 도전적인 일, 난제; 도전하다 3. 고용하다
4. 고용하다, 쓰다 5. 변호사 6. 정의, 공정, 사법, 재판
7. 발명하다 8. 발견하다 9. 노력, 수고
10. 코치; 코치하다, 지도하다
11. 기사, 기술자, 엔지니어 12. 마침내

Ⓑ 1. challenge 2. lawyer 3. justice
4. effort 5. satisfied

Picture Review .... p. 137

1. judge 판사, 심사위원; 판단하다, 평가하다
2. court 법정, 법원, 경기장
3. inventor 발명가, 창안자 4. discover 발견하다
5. university (종합) 대학교
6. professor (대학의) 교수
7. captain 선장, 기장, 주장 8. factory 공장

DAY 28

Check Up .... p. 140

Ⓐ 1. (과학) 기술, 기계, 장비 2. 완벽한, 완전한
3. 편안한, 안락한 4. 투자하다
5. 방법, 방식 6. 유리한 점, 이점, 장점
7. 제공하다, 공급하다 8. 성공, 성과
9. 진행하다, 진행되다, 나아가다
10. 개선되다, 나아지다, 개선하다
11. 교육하다 12. ~에 성공하다

184

B 1. comfortable 2. convenient 3. invest
4. process 5. getting

Picture Review .... p. 141

1. technology (과학) 기술, 기계, 장비
2. perfect 완벽한, 완전한
3. comfortable 편안한, 안락한
4. harvest 수확하다, 추수하다; 수확, 추수
5. material 재료, 자료; 물질적인

6. succeed 성공하다, 뒤를 잇다, 계승하다
7. figure 수치, 숫자, (중요한) 인물
8. education 교육

DAY 25-28 Review Test 07   pp. 142-145

A 1. complicated 2. disappointed
3. stress 4. embarrass
5. invest 6. harvest
7. career 8. engineer
9. comfortable 10. convenient

B 1. technology 2. trust 3. doubt
4. recommend 5. university 6. professor

C 1. burst into 2. memory 3. challenge
4. interested in 5. interesting

D 1. complicated 2. succeed 3. boring
4. bored

E 1. fear 2. trust 3. provide 4. recommend

F 1. satisfied with 2. take place
3. succeeded in 4. at last

G
- ☐ emotion 감정, 정서
- ☐ complicated 복잡한, 알기 어려운
- ☐ memory 기억, 기억력, 추억
- ☐ miss 그리워하다, 놓치다, 빗나가다
- ☐ horror 공포, 공포감, ~의 참상
- ☐ satisfied 만족한, 만족해하는
- ☐ disappointed 실망한, 낙담한
- ☐ embarrass 당황스럽게 만들다, 창피하게 하다
- ☐ bother 괴롭히다, 귀찮게 하다, 신경 쓰다, 신경 쓰이게 하다
- ☐ trouble 어려움, 문제, 골칫거리; 괴롭히다
- ☐ soul 영혼, 혼, 정신, 마음
- ☐ remember 기억하다, 기억나다
- ☐ remind 상기시키다, 생각나게 하다
- ☐ trust 신뢰하다, 믿다; 신뢰, 신임
- ☐ doubt 의심하다; 의심, 의혹
- ☐ happen 일어나다, 발생하다, 우연히 ~하다
- ☐ reason 이유, 원인, 이성, 제정신
- ☐ suggest 제안하다, 추천하다, 암시하다
- ☐ recommend 추천하다, 권고하다
- ☐ request 요청하다, 부탁하다; 요청, 부탁

- ☐ career 직업, 경력, 이력, 커리어
- ☐ challenge 도전, 도전적인 일, 난제; 도전하다
- ☐ employ 고용하다
- ☐ hire 고용하다, 쓰다
- ☐ lawyer 변호사
- ☐ judge 판사, 심사위원; 판단하다, 평가하다
- ☐ justice 정의, 공정, 사법, 재판
- ☐ invent 발명하다
- ☐ discover 발견하다
- ☐ effort 노력, 수고
- ☐ technology (과학) 기술, 기계, 장비
- ☐ perfect 완벽한, 완전한
- ☐ comfortable 편안한, 안락한
- ☐ convenient 편리한, 간편한
- ☐ invest 투자하다
- ☐ advantage 유리한 점, 이점, 장점
- ☐ provide 제공하다, 공급하다
- ☐ proceed 진행하다, 진행되다, 나아가다
- ☐ improve 개선되다, 나아지다, 개선하다
- ☐ educate 교육하다

DAY 29

Check Up .... p. 148

A 1. 세계적인, 지구의 2. 기후
   3. 원인; ~의 원인이 되다, ~을 야기하다
   4. 영향, 결과, 효과 5. 홍수; 물에 잠기다, 범람하다
   6. 파도, 물결; 손을 흔들다
   7. 주요한, 중대한; 전공; 전공하다
   8. 작은, 중요하지 않은; 부전공; 부전공을 하다
   9. 얼다, 얼리다, 몸이 꽁꽁 얼다
   10. 흐르다, 흘러가다; 흐름
   11. 뜨다, 떠오르다, 흘러가다
   12. 나타내다, 상징하다, 대표하다

B 1. global 2. climate 3. cause
   4. a few 5. a little

Picture Review .... p. 149

1. temperature 온도, 기온, 체온
2. flood 홍수; 물에 잠기다, 범람하다
3. shelter 피난, 대피, 대피소, 보호소
4. cliff 절벽, 벼랑
5. freeze 얼다, 얼리다, 몸이 꽁꽁 얼다
6. melt 녹다, 녹이다
7. float 뜨다, 떠오르다, 흘러가다
8. symbol 상징, 기호

DAY 30

Check Up .... p. 152

A 1. 행성 2. 수성 3. 금성, 비너스 4. 목성 5. 토성
   6. 천왕성 7. 해왕성 8. 궤도를 그리며 돌다; 궤도
   9. 돌다, 회전하다, 돌리다; 회전, 돌기
   10. 발사하다, 출시하다; 발사, 개시
   11. 탐험하다, 탐사하다 12. ~로 유명하다

B 1. solar 2. orbit 3. research
   4. launch 5. known

Picture Review .... p. 153

1. planet 행성 2. Earth 지구, 땅, 지면
3. Mars 화성, 마르스
4. orbit 궤도를 그리며 돌다; 궤도

5. telescope 망원경 6. hole 구멍, 구덩이
7. observe 관찰하다, 관측하다, 준수하다
8. launch 발사하다, 출시하다; 발사, 개시

DAY 31

Check Up .... p. 156

A 1. 우주, 은하계, 삼라만상 2. 대기, 공기, 분위기
   3. 극도로, 극히, 매우 4. 가능한, 있을 수 있는
   5. 불가능한, 있을 수 없는
   6. (만약) ~라면, ~인지 (아닌지)
   7. ~인지 (아닌지), ~이든 (아니든)
   8. ~ 없이, ~이 없으면
   9. 존재하다, 실재하다 10. 보호하다, 지키다
   11. 해치다, 손상시키다; 해, 손해
   12. 할 수 있는 한 빨리, 최대한 빨리

B 1. surface 2. layer 3. shadows
   4. whether 5. as soon as possible

Picture Review .... p. 157

1. galaxy 은하계, 은하수 2. surface 표면, 겉
3. layer 층, 겹, 막
4. atmosphere 대기, 공기, 분위기
5. surround 둘러싸다, 에워싸다
6. shadow 그림자, 어둠, 그늘
7. block 막다, 차단하다; 사각형 덩어리, 구역
8. protect 보호하다, 지키다

DAY 32

Check Up .... p. 160

A 1. 대륙 2. 자연의, 자연스러운, 당연한, 타고난
   3. 특히, 특별히 4. 자연 환경, (주변의) 환경
   5. 오염시키다, 더럽히다
   6. (식물의) 뿌리, 기원, 뿌리, 근원
   7. 부화하다, 부화시키다 8. 찾다, 구하다, 청하다
   9. 뒤쫓다, 추격하다; 추적, 추격 10. 잔인한, 잔혹한
   11. 씹다, 물어뜯다
   12. ~을 따라가다, ~을 뒤쫓다, ~을 쫓아다니다

B 1. continent 2. pollute 3. lay
   4. seek 5. chased after/ran after

Picture Review .... p. 161

1. continent 대륙   2. ocean 대양, 바다
3. branch 나뭇가지, 지사, 분점
4. stem 줄기, 대, 손잡이 부분
5. lay (알을) 낳다, 놓다, 두다, 깔다
6. hatch 부화하다, 부화시키다
7. chase 뒤쫓다, 추격하다; 추적, 추격
8. bite 물다; 한 입(의 음식)

DAY 29-32 Review Test 08 — pp. 162-165

A 1. climate   2. temperature
3. universe   4. telescope
5. continent   6. environment
7. explore   8. atmosphere
9. protect   10. represent

B 1. flood   2. float   3. orbit
4. launch   5. surround   6. pollute

C 1. launch   2. block   3. as soon as
4. protect   5. chase after

D 1. effect   2. minor   3. freeze   4. impossible

E 1. represent   2. observe   3. chase   4. seek

F 1. global temperature   2. famous for
3. known as   4. surrounded by

G
□ global	세계적인, 지구의		□ universe	우주, 은하계, 삼라만상
□ climate	기후		□ galaxy	은하계, 은하수
□ cause	원인; ~의 원인이 되다, ~을 야기하다		□ surface	표면, 겉
□ effect	영향, 결과, 효과		□ atmosphere	대기, 공기, 분위기
□ flood	홍수; 물에 잠기다, 범람하다		□ extremely	극도로, 극히, 매우
□ shelter	피난, 대피, 대피소, 보호소		□ impossible	불가능한, 있을 수 없는
□ wave	파도, 물결; 손을 흔들다		□ if	(만약) ~라면, ~인지 (아닌지)
□ major	주요한, 중대한; 전공; 전공하다		□ whether	~인지 (아닌지), ~이든 (아니든)
□ minor	작은, 중요하지 않은; 부전공; 부전공을 하다		□ exist	존재하다, 실재하다
□ flow	흐르다, 흘러가다; 흐름		□ harm	해치다, 손상시키다; 해, 손해
□ solar	태양의, 태양열을 이용한		□ continent	대륙
□ planet	행성		□ natural	자연의, 자연스러운, 당연한, 타고난
□ orbit	궤도를 그리며 돌다; 궤도		□ especially	특히, 특별히
□ spin	돌다, 회전하다, 돌리다; 회전, 돌기		□ environment	자연 환경, (주변의) 환경
□ telescope	망원경		□ pollute	오염시키다, 더럽히다
□ hole	구멍, 구덩이		□ hatch	부화하다, 부화시키다
□ observe	관찰하다, 관측하다, 준수하다		□ seek	찾다, 구하다, 청하다
□ research	연구하다, 조사하다; 연구, 조사		□ chase	뒤쫓다, 추격하다; 추적, 추격
□ launch	발사하다, 출시하다; 발사, 개시		□ cruel	잔인한, 잔혹한
□ explore	탐험하다, 탐사하다		□ chew	씹다, 물어뜯다

A

a few	148
a little	148
able	87
absent	11
accept	78
access	31
accident	56
according to	40
account	27
ache	90
active	115
advantage	139
adventure	71
advice	6
airline	66
alike	106
allow	88
although	116
ambulance	56
angel	18
annual	76
anywhere	58
appear	18
application	35
apply	35
army	47
arrive	67
as fast as you can	156
as soon as possible	156
assist	52
at last	136
atmosphere	154
attack	39
attend	11
attention	11
attractive	110
audience	15
automatic	95
average	75
awesome	15
awful	111

B

background	71
balance	108
bark	159
based	39
basics	39
battle	39
be able to	88
be about to	88
be based on	40
be crowded with	116
be familiar with	20
be famous for	152
be filled with	96
be going to	68
be in charge of	52
be interested in	128
be known as	152
be proud of	120
be related to	36
be responsible for	52
be satisfied with	136
be similar to	108
beard	110
beast	110
beauty	110
belong	87
belt	98
bend	94
bill	79
bite	160
blanket	99
block	155
blonde	107
blood	92
board	67
book	66
bored	126
boring	126
born	86
bother	128
bow	10
brain	92
branch	158
broad	106
budget	78
bump	72
bump into	72
burst	126
burst into	128
button	98
by oneself	120

C

cancel	67
capital	70
captain	135
career	134
cashier	79
catch a cold	92
cause	146
ceiling	94
celebrate	48
chairman	50
challenge	134
champion	38
character	18
charge	51
charming	110
chase	159
chase after	160
cheap	74
cheerful	115
chew	160

chief 50	cruel 159	doubt 130
choice 75	cure 91	drawing 14
cinema 19	curious 120	drug 91
citizen 46	curly 107	dust 95
clerk 79	cycle 86	duty 50
click 26		
cliff 147	**D**	**E**
climate 146	deal 35	earn 75
coach 135	deal with 36	Earth 150
coast 71	debt 78	east 58
collection 14	decorate 48	edge 94
come to mind 132	decrease 78	educate 140
comfortable 138	defeat 40	education 140
comic 18	defend 39	effect 146
common 46	degree 146	effort 135
communicate 34	delay 67	elderly 114
community 46	delete 35	elect 51
compare 79	delightful 115	electronic 38
complain 79	deliver 55	embarrass 127
completely 112	delivery 55	emotion 126
complicated 126	depart 67	employ 134
congratulate 12	describe 118	empty 96
connect 26	destroy 40	enemy 39
consume 75	detail 34	engineer 136
contact 27	develop 38	enormous 106
contain 118	diary 36	enter 27
continent 158	dictionary 34	entire 70
continue 86	die 86	environment 158
convenient 138	direct 32	equally 47
copy 7	direction 58	especially 158
cough 90	disappear 18	essay 34
counter 79	disappointed 127	even 99
countryside 59	discount 74	even though 116
court 134	discover 135	evil 18
cover 154	disease 91	exactly 112
crash 72	disk 30	exchange 34
create 27	display 14	excuse 87
creative 118	divide 59	exist 155
crowded 114	document 7	expect 71

expense … 78	**G**	humor … 18
expensive … 74	galaxy … 154	**I**
experience … 71	gallery … 14	if … 155
explain … 87	get … 75	ill … 90
explore … 152	get a discount … 76	illustrate … 118
express … 87	get along (with) … 12	imagination … 118
extremely … 154	get better … 140	imagine … 118
	get on[off] … 56	impatient … 119
F	get paid … 76	important … 6
face … 58	get ready for[to] … 8	impossible … 155
factory … 136	get to … 68	impressive … 35
fair … 47	giant … 106	improve … 139
familiar … 19	global … 146	in fact … 20
fantastic … 110	goods … 54	in need … 48
fantasy … 20	gorgeous … 110	in return (for) … 80
favor … 47	graduate … 12	include … 118
fear … 127	greet … 10	income … 78
fee … 55	grocery … 79	increase … 78
female … 114		individual … 114
fever … 90	**H**	information … 31
figure … 139	handle … 35	instant … 31
file … 7	hang … 99	interested … 126
fill … 96	hang out (with) … 100	interesting … 126
final … 11	happen … 131	invent … 135
finally … 68	harm … 156	inventor … 135
fit … 98	harvest … 138	invest … 138
fix … 94	hatch … 159	iron … 99
flight … 66	have ~ in common … 48	item … 74
float … 147	have a cold … 92	
flood … 146	headache … 90	**J**
flow … 147	health … 91	joke … 18
focus … 11	height … 107	journey … 66
fold … 99	hide … 159	joyful … 115
for free … 56	highway … 55	judge … 134
foreign … 66	hire … 134	Jupiter … 150
forgive … 87	hole … 151	justice … 134
frame … 94	holiday … 47	
freeze … 147	honor … 46	
friendly … 115	horror … 127	

K

keep	27
keep in touch (with)	28
knowledge	71

L

label	7
land	68
lane	60
last	86
launch	152
laundry	99
law	50
lawyer	134
lay	159
layer	154
lead	51
leader	51
league	38
legend	38
license	55
life	86
limit	55
link	26
lively	115
load	30
local	66
locate	59
location	59
log	27
lonely	114
loose	98
lose contact (with)	28

M

machine	30
major	147
make fun of	12
male	114
manage	86
manner	15
mark	8
Mars	150
master	14
material	138
matter	10
mayor	50
mean	119
measure	107
medicine	91
meeting	6
melt	147
memory	127
Mercury	150
method	138
minor	147
mirror	111
miss	127
modern	16
monitor	30
mouse	26
myself	119
mystery	20

N

name	10
narrow	106
native	70
natural	158
neat	111
neighbor	46
Neptune	151
network	34
nickname	10
normal	75
north	58
notice	10
nowadays	16

O

observe	151
ocean	158
offer	78
official	7
on display	16
on one's way (to)	80
online	38
opera	15
opposite	39
orbit	151
ordinary	111
original	118
own	87

P

pain	90
paper	7
parade	47
pardon	87
passport	67
path	59
patient	119
peaceful	70
perfect	138
perform	15
period	11
personality	114
planet	150
pocket	98
poem	19
poet	19
pollute	158
port	67
possible	155
post	30
powerful	35
practical	31
pray	130

prepare ... 6	remind ... 130	select ... 51
prepare for[to] ... 8	remove ... 35	self ... 119
president ... 50	repair ... 94	selfish ... 119
press ... 26	repeat ... 11	serve ... 51
price ... 74	reply ... 28	shadow ... 155
print ... 8	represent ... 148	shallow ... 106
private ... 54	request ... 131	shame ... 119
proceed ... 139	require ... 131	sheet ... 99
process ... 139	research ... 151	shelf ... 94
produce ... 38	reserve ... 66	shelter ... 146
product ... 74	respect ... 46	sick ... 90
professional ... 38	respond ... 28	sick and tired of ... 92
professor ... 135	responsible ... 51	sick of ... 92
protect ... 156	rest ... 100	sign ... 7
proud ... 119	restroom ... 95	silent ... 115
provide ... 139	result ... 32	similar ... 106
public ... 54	result in ... 32	smoke ... 88
purchase ... 74	return ... 80	social ... 34
put away ... 112	review ... 11	solar ... 150
	right ... 50	soldier ... 47
R	root ... 158	sore ... 91
rail ... 71	route ... 60	sort ... 59
raise ... 86	rub ... 95	soul ... 130
rare ... 46	run after ... 160	source ... 31
reach ... 67		south ... 58
react ... 31	**S**	speech ... 51
ready ... 6	salary ... 76	speed ... 55
realize ... 130	sale ... 74	spend ... 75
reason ... 131	satisfied ... 127	spin ... 151
receipt ... 79	Saturn ... 150	spirit ... 130
recommend ... 131	scale ... 108	spot ... 110
record ... 36	scene ... 19	stage ... 15
reflect ... 111	screen ... 30	stand for ... 60
refund ... 80	search ... 31	standard ... 111
region ... 70	search for ... 32	state ... 70
regularly ... 19	seat ... 15	station ... 71
related ... 34	seek ... 159	stem ... 159
relax ... 100	seem ... 107	still ... 27
remember ... 130	seem to ... 108	stomach ... 90

stop by	72	
store	30	
straight	107	
stress	131	
strike	94	
succeed	139	
succeed in	140	
success	139	
such as	60	
suddenly	19	
suffer	91	
suggest	131	
suit	98	
supply	6	
support	52	
surface	154	
surprise	127	
surround	154	
sweep	95	
symbol	148	
system	26	

T

take	54
take out	96
take place	132
talkative	115
tax	75
tear	126
tease	10
technology	138
telescope	151
temperature	146
terrible	111
the rest of	100
theater	15
though	116
throat	91
through	59
throw away	112
tidy	111
tight	98
tip	6
title	7
toilet	95
tool	30
tour	66
toward	58
track	59
tradition	70
traffic	55
transfer	54
transportation	54
treat	47
trouble	128
trust	130

U

uniform	6
universe	154
university	135
until	14
Uranus	151
used to	16
useful	31

V

vacuum	95
valuable	14
various	14
vehicle	54
Venus	150
view	10
volunteer	46
vote	50

W

war	39
warn	131
wave	147
weigh	107
weight	107
well-known	19
west	58
wheel	54
whether	155
whisper	132
whistle	132
whole	70
wide	106
wipe	95
wire	26
wireless	26
without	155
wonder	120
wool	98
work	27
worse	99

Y

youth	114

A*List VOCA

영영 단어장

중학 기본

A*List VOCA

영영 단어장

중학 기본

DAY 01

☐ 001	**ready**	*adj.* prepared
☐ 002	**prepare**	*v.* to get ready for something
☐ 003	**tip**	*n.* useful information
☐ 004	**advice**	*n.* an opinion or a suggestion
☐ 005	**uniform**	*n.* the same clothes that all members (of a group) wear
☐ 006	**supply**	*n.* the act of providing
☐ 007	**important**	*adj.* having great meaning
☐ 008	**meeting**	*n.* an event where people meet to discuss something
☐ 009	**document**	*n.* an official paper
☐ 010	**paper**	*n.* a thin material made from wood
☐ 011	**official**	*adj.* formal or approved
☐ 012	**sign**	*v.* to write your name on a document, letter, etc.
☐ 013	**file**	*n.* a set of papers or records
☐ 014	**copy**	*n.* something that looks exactly like another thing
☐ 015	**title**	*n.* the name of a book, film, etc.
☐ 016	**label**	*n.* a tag or marker (with some information on it)
☐ 017	**print**	*v.* to produce (text or pictures) on paper with a machine
☐ 018	**mark**	*v.* to put a mark on
☐ 019	**prepare for[to]**	*phr.* to get ready for[to]
☐ 020	**get ready for[to]**	*phr.* to prepare for[to]

DAY 02

☐	021 **greet**	*v.*	to say hello to someone; to welcome
☐	022 **bow**	*v.*	to bend forward as a greeting
☐	023 **name**	*n.*	what someone (or something) is called
☐	024 **nickname**	*n.*	an informal name for someone
☐	025 **tease**	*v.*	to make fun of
☐	026 **notice**	*v.*	to see something and be aware of it
☐	027 **matter**	*n.*	a topic or situation that you need to think about
☐	028 **view**	*n.*	an opinion
☐	029 **attend**	*v.*	to be present at
☐	030 **absent**	*adj.*	not present in a place
☐	031 **attention**	*n.*	the act of focusing on something
☐	032 **focus**	*n.*	the center of activity or attention; a point
☐	033 **repeat**	*v.*	to do again
☐	034 **review**	*v.*	to look over again
☐	035 **final**	*adj.*	happening at the end
☐	036 **period**	*n.*	a length of time
☐	037 **graduate**	*v.*	to complete school
☐	038 **congratulate**	*v.*	to tell (someone) that you are happy about their success or good luck
☐	039 **get along (with)**	*phr.*	to have a good relationship (with someone)
☐	040 **make fun of**	*phr.*	to tease

DAY 03

☐ 041	**gallery**	*n.* a place where works of art are shown
☐ 042	**display**	*v.* to show; to exhibit
☐ 043	**collection**	*n.* the act of collecting
☐ 044	**until**	*prep.* up to (the time that)
☐ 045	**drawing**	*n.* a picture made with a pencil, pen, or crayon
☐ 046	**master**	*n.* a person who is very skilled at something; an expert
☐ 047	**valuable**	*adj.* worth a lot of money; priceless
☐ 048	**various**	*adj.* many different
☐ 049	**theater**	*n.* a building where people go to watch plays or movies
☐ 050	**stage**	*n.* a raised area where actors or dancers perform
☐ 051	**opera**	*n.* a musical play
☐ 052	**seat**	*n.* something (such as a chair) that you sit on
☐ 053	**perform**	*v.* to put on a show
☐ 054	**awesome**	*adj.* very good or impressive; amazing
☐ 055	**audience**	*n.* a group of people who watch or listen to (a performance)
☐ 056	**manner**	*n.* the way that something is done or happens
☐ 057	**modern**	*adj.* present-day; of today
☐ 058	**nowadays**	*adv.* today; these days
☐ 059	**on display**	*phr.* being shown or displayed (for people to see)
☐ 060	**used to**	*phr.* done or happened repeatedly in the past

DAY 04

☐	061 **comic**	*adj.* funny
☐	062 **character**	*n.* a person in a book, play, or movie
☐	063 **evil**	*adj.* very bad or cruel; wicked
☐	064 **angel**	*n.* a spiritual being (like a human) with wings
☐	065 **joke**	*n.* a funny story (to make people laugh)
☐	066 **humor**	*n.* a funny or comic quality
☐	067 **appear**	*v.* to start to be seen
☐	068 **disappear**	*v.* to be no longer seen
☐	069 **suddenly**	*adv.* quickly and unexpectedly
☐	070 **regularly**	*adv.* at regular times; often
☐	071 **cinema**	*n.* a movie theater
☐	072 **scene**	*n.* a part of an act in a movie or play
☐	073 **familiar**	*adj.* often seen or heard; well known to you
☐	074 **well-known**	*adj.* famous
☐	075 **poem**	*n.* a piece of writing with words that rhyme
☐	076 **poet**	*n.* a person who writes poems
☐	077 **fantasy**	*n.* something you imagine
☐	078 **mystery**	*n.* something that is difficult to understand
☐	079 **be familiar with**	*phr.* to know something very well
☐	080 **in fact**	*phr.* actually

DAY 05

☐	081	**connect**	v. to join together (two or more things)
☐	082	**link**	v. to join or connect
☐	083	**wire**	n. a long, thin metal; a cable
☐	084	**wireless**	adj. not using wires
☐	085	**click**	v. to make a slight, sharp sound
☐	086	**press**	v. to push something firmly
☐	087	**mouse**	n. a small tool used with personal computers
☐	088	**system**	n. a set of connected things that work together
☐	089	**account**	n. a membership to use an Internet service
☐	090	**create**	v. to make
☐	091	**log**	n. a full written record of a journey (or an event)
☐	092	**enter**	v. to go into; to type in
☐	093	**work**	v. to run or function in the correct way
☐	094	**still**	adv. up to this time; until now
☐	095	**contact**	n. the act of communicating with someone
☐	096	**keep**	v. to stay (in a condition or position)
☐	097	**reply**	v. to answer
☐	098	**respond**	v. to answer; to do something as a reaction
☐	099	**keep in touch (with)**	phr. to stay in contact (with); to stay in touch (with)
☐	100	**lose contact (with)**	phr. to lose touch (with)

DAY 06

☐	101	**machine**	n. a device (with moving parts) that uses power
☐	102	**tool**	n. a simple device, such as a hammer, saw, etc.
☐	103	**monitor**	n. the screen of a computer (or television)
☐	104	**screen**	n. the part of a computer (or television) that shows images
☐	105	**disk**	n. a thin, flat, round object
☐	106	**store**	v. to save something (to use later)
☐	107	**post**	v. to put information (or a picture) on a website
☐	108	**load**	v. to put a lot of things into a vehicle
☐	109	**instant**	adj. happening right away; quick
☐	110	**react**	v. to respond
☐	111	**information**	n. facts or details about something
☐	112	**source**	n. where something comes from
☐	113	**search**	n. the act of looking for something (or someone)
☐	114	**access**	n. a way of entering (or reaching) a place
☐	115	**practical**	adj. useful or suitable
☐	116	**useful**	adj. helping you do something; helpful
☐	117	**direct**	adj. having no other person in between
☐	118	**result**	n. an outcome (of something)
☐	119	**search for**	phr. to look for
☐	120	**result in**	phr. to make something happen

DAY 07

☐	121 **social**	*adj.* relating to society
☐	122 **network**	*n.* a system or group of connected parts
☐	123 **communicate**	*v.* to exchange information or ideas (with other people)
☐	124 **exchange**	*v.* to give and receive; to trade
☐	125 **related**	*adj.* having some connection
☐	126 **detail**	*n.* a small fact or piece of information
☐	127 **essay**	*n.* a short piece of writing by a student; a report
☐	128 **dictionary**	*n.* a book that has a list of words with their meanings
☐	129 **apply**	*v.* to request something
☐	130 **application**	*n.* a formal request for something, such as a job
☐	131 **powerful**	*adj.* having great power
☐	132 **impressive**	*adj.* making a strong impression
☐	133 **deal**	*v.* to take care of something
☐	134 **handle**	*v.* to deal with
☐	135 **delete**	*v.* to remove something
☐	136 **remove**	*v.* to take away from a place
☐	137 **diary**	*n.* a daily record of a person's experiences or thoughts
☐	138 **record**	*v.* to keep facts or events by writing them down
☐	139 **be related to**	*phr.* to be connected with something
☐	140 **deal with**	*phr.* to handle a problem

DAY 08

☐ 141	**legend**	*n.* a story from the past about people and events
☐ 142	**champion**	*n.* a winner
☐ 143	**online**	*adj.* connected to the Internet (or a computer network)
☐ 144	**electronic**	*adj.* relating to electrical devices; done by computers
☐ 145	**professional**	*adj.* relating to a job that needs special training or skills
☐ 146	**league**	*n.* a group of sports teams that play games against one another
☐ 147	**develop**	*v.* to create
☐ 148	**produce**	*v.* to make things to be sold
☐ 149	**basics**	*n.* the most important facts, skills, or needs
☐ 150	**based**	*adj.* having a base
☐ 151	**battle**	*n.* a fight between two armies (in a war)
☐ 152	**war**	*n.* fighting between two or more countries
☐ 153	**enemy**	*n.* someone who hates you and wants to harm you
☐ 154	**opposite**	*prep.* on the other side of
☐ 155	**attack**	*v.* to use force to hurt someone; to strike
☐ 156	**defend**	*v.* to protect from harm
☐ 157	**destroy**	*v.* to damage something so badly that it does not exist
☐ 158	**defeat**	*v.* to beat
☐ 159	**be based on**	*phr.* to come from; to be created from
☐ 160	**according to**	*phr.* as reported by (someone or something)

DAY 09

☐	161	**community**	n. a group of people living in the same place
☐	162	**neighbor**	n. a person who lives near you
☐	163	**citizen**	n. a person who is a member of a country
☐	164	**volunteer**	n. a person who does work without being paid
☐	165	**common**	adj. shared by people; happening often
☐	166	**rare**	adj. not often seen
☐	167	**respect**	v. to express honor
☐	168	**honor**	n. great respect for someone
☐	169	**treat**	v. to deal with someone (in a particular way)
☐	170	**equally**	adv. to the same degree or level
☐	171	**fair**	adj. treating everyone in the same way
☐	172	**favor**	n. a kind or helpful act for someone
☐	173	**holiday**	n. a day when most people do not have to work
☐	174	**parade**	n. a group of people marching in celebration
☐	175	**army**	n. a group of soldiers who are trained to fight on land
☐	176	**soldier**	n. a person who serves in the army
☐	177	**celebrate**	v. to do something special on a happy day
☐	178	**decorate**	v. to make something look more beautiful (by putting things on it)
☐	179	**have ~ in common**	phr. to have the same interests, experiences, etc.
☐	180	**in need**	phr. requiring or needing something

DAY 10

☐	181 **law**	*n.* the set of official rules in a country
☐	182 **duty**	*n.* something that you have to do
☐	183 **vote**	*v.* to show your choice in an election
☐	184 **right**	*n.* something that the law allows you to do
☐	185 **president**	*n.* the official leader of a country
☐	186 **mayor**	*n.* the person in charge of a city
☐	187 **chairman**	*n.* the person in charge of a meeting
☐	188 **chief**	*n.* the leader of a group of people
☐	189 **elect**	*v.* to choose by voting
☐	190 **select**	*v.* to choose
☐	191 **lead**	*v.* to go in front; to serve as the leader of a group
☐	192 **leader**	*n.* the person who leads a group
☐	193 **speech**	*n.* a formal talk (that a person gives to an audience)
☐	194 **serve**	*v.* to work or perform duties
☐	195 **responsible**	*adj.* having a duty to do something; in charge
☐	196 **charge**	*n.* responsibility
☐	197 **support**	*v.* to assist or encourage; to back
☐	198 **assist**	*v.* to help
☐	199 **be responsible for**	*phr.* to be in charge of
☐	200 **be in charge of**	*phr.* to be responsible for

DAY 11

☐	201	**transportation**	*n.* a system for carrying people or goods
☐	202	**transfer**	*v.* to move from one place to another
☐	203	**wheel**	*n.* a round frame under a car, bicycle, etc.
☐	204	**vehicle**	*n.* a machine with wheels, such as a car, bus, or truck
☐	205	**public**	*adj.* relating to all the people in a country
☐	206	**private**	*adj.* personal; not for everyone
☐	207	**goods**	*n.* things that are produced to be sold
☐	208	**take**	*v.* to require time
☐	209	**deliver**	*v.* to bring (something) to a person or place
☐	210	**delivery**	*n.* the act of delivering something
☐	211	**traffic**	*n.* the number of vehicles moving along roads
☐	212	**highway**	*n.* a main road, especially one connecting cities and towns
☐	213	**speed**	*n.* how fast something moves
☐	214	**limit**	*n.* the largest amount of something that is allowed
☐	215	**license**	*n.* an official document that allows you to do something
☐	216	**fee**	*n.* a payment for professional services
☐	217	**accident**	*n.* an unpleasant event that happens by chance
☐	218	**ambulance**	*n.* a special vehicle for carrying sick people (to a hospital)
☐	219	**get on[off]**	*phr.* to enter or exit a vehicle (such as a bus, train, or plane)
☐	220	**for free**	*phr.* without being paid; free of charge

DAY 12

☐ 221	**north**	*n.* the opposite direction of south
☐ 222	**south**	*n.* the opposite direction of north
☐ 223	**east**	*n.* the direction where the sun rises
☐ 224	**west**	*n.* the direction where the sun sets
☐ 225	**direction**	*n.* the way that someone or something is going
☐ 226	**anywhere**	*adv.* to any place
☐ 227	**toward**	*prep.* in the direction of something
☐ 228	**face**	*v.* to be in a particular direction
☐ 229	**locate**	*v.* to find the exact position of something
☐ 230	**location**	*n.* a place or position
☐ 231	**divide**	*v.* to separate (something) into two or more parts
☐ 232	**sort**	*n.* a type of thing; a kind *v.* to put things into a group
☐ 233	**through**	*prep.* from one side to the other
☐ 234	**countryside**	*n.* a rural area
☐ 235	**path**	*n.* a narrow road
☐ 236	**track**	*n.* a path created by repeated footsteps
☐ 237	**route**	*n.* a way to get from one place to another place
☐ 238	**lane**	*n.* a narrow passage
☐ 239	**stand for**	*phr.* to represent or mean
☐ 240	**such as**	*phr.* for example; like

DAY 13

☐ 241	**tour**	*n.* a trip
☐ 242	**journey**	*n.* a long trip
☐ 243	**foreign**	*adj.* from a different country; relating to another country
☐ 244	**local**	*adj.* relating to a particular place
☐ 245	**flight**	*n.* a trip on a plane
☐ 246	**airline**	*n.* a company that provides regular flights to places
☐ 247	**book**	*v.* to reserve
☐ 248	**reserve**	*v.* to make a reservation; to book
☐ 249	**cancel**	*v.* to call off
☐ 250	**delay**	*v.* to make (someone or something) late
☐ 251	**port**	*n.* a place where ships arrive and leave from
☐ 252	**passport**	*n.* an official document that allows you to travel to other countries
☐ 253	**board**	*v.* to get on
☐ 254	**depart**	*v.* to leave
☐ 255	**arrive**	*v.* to get to a place
☐ 256	**reach**	*v.* to arrive somewhere
☐ 257	**finally**	*adv.* at last
☐ 258	**land**	*v.* to come down onto the ground
☐ 259	**be going to**	*phr.* to be planning to
☐ 260	**get to**	*phr.* to reach or arrive at

DAY 14

☐	261	**state**	n. a country
☐	262	**capital**	n. the city where the government is (in a country)
☐	263	**peaceful**	adj. quiet and calm
☐	264	**region**	n. a large area of a country or the world
☐	265	**entire**	adj. including every part; whole
☐	266	**whole**	adj. all of something; entire
☐	267	**native**	adj. connected with the place where you were born
☐	268	**tradition**	n. an old way of doing something
☐	269	**background**	n. the details of a person's family, education, etc.
☐	270	**knowledge**	n. information and understanding about a subject
☐	271	**adventure**	n. an unusual, exciting, or dangerous activity
☐	272	**coast**	n. the land beside the sea
☐	273	**expect**	v. to hope for
☐	274	**experience**	v. to go through
☐	275	**rail**	n. the metal tracks that trains run on; a railroad
☐	276	**station**	n. a building where trains stop
☐	277	**bump**	v. to hit against something
☐	278	**crash**	v. to hit something hard by accident
☐	279	**stop by**	phr. to visit a person for a short time; to drop by
☐	280	**bump into (somebody)**	phr. to meet by chance; to run into

DAY 15

☐ 281	**product**	*n.* a thing that is produced, usually for sale
☐ 282	**item**	*n.* a thing; one thing on a list
☐ 283	**sale**	*n.* the act of selling something
☐ 284	**discount**	*n.* a price cut (from the usual price)
☐ 285	**price**	*n.* the amount of money that you pay (to buy something)
☐ 286	**purchase**	*n.* the act of buying something
☐ 287	**expensive**	*adj.* having a high price
☐ 288	**cheap**	*adj.* having a low price
☐ 289	**average**	*adj.* middle; ordinary or standard
☐ 290	**normal**	*adj.* usual, ordinary, or standard
☐ 291	**tax**	*n.* money that you have to pay to the government
☐ 292	**choice**	*n.* an act of choosing
☐ 293	**spend**	*v.* to use money to buy something
☐ 294	**consume**	*v.* to use something, such as a product, energy, or time
☐ 295	**earn**	*v.* to get money (for doing work)
☐ 296	**get**	*v.* to gain
☐ 297	**annual**	*adj.* happening once a year
☐ 298	**salary**	*n.* the pay you earn (for doing your job), usually every month
☐ 299	**get a discount**	*phr.* to receive a discount
☐ 300	**get paid**	*phr.* to receive payment

DAY 16

☐	301 **income**	*n.*	money that you earn (from your work)
☐	302 **expense**	*n.*	money that you spend (on something)
☐	303 **budget**	*n.*	a plan for how much money will be spent
☐	304 **debt**	*n.*	an amount of money that you borrow
☐	305 **offer**	*v.*	to suggest
☐	306 **accept**	*v.*	to take something that someone offers you
☐	307 **increase**	*v.*	to become greater
☐	308 **decrease**	*v.*	to become smaller
☐	309 **grocery**	*n.*	(-ies) food and other goods sold in a grocery store
☐	310 **counter**	*n.*	the place where you pay in a store
☐	311 **cashier**	*n.*	a person whose job is to receive and pay out money (in a store)
☐	312 **clerk**	*n.*	a person who works in an office or shop
☐	313 **receipt**	*n.*	a piece of paper that shows that you paid (for something)
☐	314 **bill**	*n.*	a piece of paper that tells you how much you must pay
☐	315 **compare**	*v.*	to examine the differences (between two or more things)
☐	316 **complain**	*v.*	to express unhappy feelings about something
☐	317 **return**	*v.*	to come back
☐	318 **refund**	*v.*	to give back money
☐	319 **on one's way (to)**	*phr.*	in the course of a journey
☐	320 **in return (for)**	*phr.*	as an exchange for (something)

DAY 17

☐	321 **life**	*n.*	the time between birth and death
☐	322 **cycle**	*n.*	a series of events that are repeated regularly
☐	323 **born**	*v.*	(be born) to come out of your mother's body
☐	324 **die**	*v.*	to stop living
☐	325 **continue**	*v.*	to keep happening or doing something
☐	326 **last**	*v.*	to continue
☐	327 **raise**	*v.*	to look after a child; to bring up
☐	328 **manage**	*v.*	to handle or deal with problems
☐	329 **own**	*v.*	to have something that belongs to you
☐	330 **belong**	*v.*	to be owned by
☐	331 **explain**	*v.*	to tell someone about something (in detail)
☐	332 **express**	*v.*	to show how you feel (by using words or actions)
☐	333 **excuse**	*v.*	to forgive someone (for something that is not very serious)
☐	334 **pardon**	*v.*	to forgive
☐	335 **forgive**	*v.*	to decide not to be angry with someone
☐	336 **able**	*adj.*	having enough power or skill (to do something)
☐	337 **smoke**	*n.*	the gas produced by fire
☐	338 **allow**	*v.*	to let someone do something
☐	339 **be able to**	*phr.*	to have the ability to; can
☐	340 **be about to**	*phr.*	to be going to do something very soon

DAY 18

☐	341	**sick**	*adj.* not well or healthy
☐	342	**ill**	*adj.* not feeling well; suffering from a disease
☐	343	**fever**	*n.* a body temperature higher than normal
☐	344	**cough**	*n.* the act of coughing; the sound coughing makes
☐	345	**pain**	*n.* the feeling you have when part of your body hurts
☐	346	**ache**	*n.* constant pain
☐	347	**headache**	*n.* a pain in the head
☐	348	**stomach**	*n.* the organ inside the body where food goes (when you swallow it)
☐	349	**sore**	*adj.* painful
☐	350	**throat**	*n.* the front of the neck; the space inside the neck
☐	351	**health**	*n.* the state of being healthy
☐	352	**disease**	*n.* an illness
☐	353	**medicine**	*n.* a drug that is used to treat an illness
☐	354	**drug**	*n.* a medicine
☐	355	**suffer**	*v.* to feel pain; to experience something bad
☐	356	**cure**	*v.* to make a person healthy again; to treat
☐	357	**brain**	*n.* the organ inside the head that controls all body functions
☐	358	**blood**	*n.* the red liquid that flows through your body
☐	359	**sick of / sick and tired of**	*phr.* being angry or bored with something
☐	360	**have a cold / catch a cold**	*phr.* to become sick with a cold

DAY 19

☐	361 **ceiling**	*n.*	the inside top part of a room
☐	362 **shelf**	*n.*	a long, flat board to put things on, often fixed to a wall
☐	363 **frame**	*n.*	a border that surrounds a picture, door, or window
☐	364 **edge**	*n.*	the outer part of something
☐	365 **strike**	*v.*	to hit
☐	366 **bend**	*v.*	to make something curved by using force
☐	367 **repair**	*v.*	to fix
☐	368 **fix**	*v.*	to repair
☐	369 **toilet**	*n.*	a large bowl with a seat in a bathroom
☐	370 **restroom**	*n.*	a public bathroom
☐	371 **vacuum**	*n.*	a space that is completely empty of all gas
☐	372 **automatic**	*adj.*	working by itself
☐	373 **dust**	*n.*	a powder of dirt or soil
☐	374 **sweep**	*v.*	to clean by using a brush or broom
☐	375 **wipe**	*v.*	to clean by rubbing with a cloth
☐	376 **rub**	*v.*	to move (something) back and forth on a surface
☐	377 **fill**	*v.*	to make (something) full; to become full
☐	378 **empty**	*adj.*	having nothing inside
☐	379 **be filled with**	*phr.*	to be full of
☐	380 **take out**	*phr.*	to remove something (from somewhere)

DAY 20

☐	381	**loose**	*adj.* not fitting closely
☐	382	**tight**	*adj.* fitting your body very closely
☐	383	**fit**	*v.* to be the right shape or size
☐	384	**suit**	*v.* to go well with
☐	385	**button**	*n.* a small, round object that is used to fasten clothing
☐	386	**belt**	*n.* a long band that you wear around your waist
☐	387	**wool**	*n.* the soft, thick hair on a sheep
☐	388	**pocket**	*n.* a type of small bag in or on a coat, pants, etc.
☐	389	**sheet**	*n.* a large piece of thin cloth that you put on a bed
☐	390	**blanket**	*n.* a thick, warm cover that you sleep under
☐	391	**laundry**	*n.* clothes, sheets, etc. that need washing
☐	392	**hang**	*v.* to attach something to a higher point
☐	393	**iron**	*n.* a strong metal *v.* to make clothes smooth using an iron
☐	394	**fold**	*v.* to bend (paper, cloth, etc.) over on itself
☐	395	**even**	*adv.* used to show something surprising
☐	396	**worse**	*adj.* more unpleasant or serious
☐	397	**rest**	*v.* to stop working (to relax); to take a break
☐	398	**relax**	*v.* to rest
☐	399	**hang out (with)**	*phr.* to spend time with (someone)
☐	400	**the rest of**	*phr.* the remaining part of (something)

DAY 21

☐	401 **giant**	*adj.* very large; much bigger than other similar things
☐	402 **enormous**	*adj.* very large in size or amount; huge
☐	403 **wide**	*adj.* broad
☐	404 **broad**	*adj.* wide
☐	405 **narrow**	*adj.* not wide
☐	406 **shallow**	*adj.* not deep
☐	407 **similar**	*adj.* almost the same
☐	408 **alike**	*adj.* very similar
☐	409 **curly**	*adj.* having a lot of curls
☐	410 **straight**	*adj.* not curved or bent
☐	411 **blonde**	*adj.* having blond hair
☐	412 **seem**	*v.* to appear to be
☐	413 **weigh**	*v.* to have a weight; to measure the weight of
☐	414 **weight**	*n.* how heavy (someone or something) is
☐	415 **measure**	*v.* to find the size, weight, or amount of something
☐	416 **height**	*n.* how tall (someone) is; how high (something) is
☐	417 **scale**	*n.* an instrument for measuring weight
☐	418 **balance**	*n.* the state of being steady in your body (so that you do not fall)
☐	419 **be similar to**	*phr.* to be like
☐	420 **seem to**	*phr.* to appear to

DAY 22

☐	421	**beauty**	*n.* the quality of being beautiful
☐	422	**beast**	*n.* an animal, especially a large or wild one
☐	423	**gorgeous**	*adj.* very beautiful or attractive
☐	424	**fantastic**	*adj.* extremely good; excellent
☐	425	**attractive**	*adj.* pleasant to look at; charming
☐	426	**charming**	*adj.* attractive
☐	427	**spot**	*n.* a small mark on something
☐	428	**beard**	*n.* hair that grows on a man's face
☐	429	**neat**	*adj.* clean
☐	430	**tidy**	*adj.* neat and in order
☐	431	**terrible**	*adj.* very unpleasant; making you feel very unhappy
☐	432	**awful**	*adj.* very bad or unpleasant
☐	433	**ordinary**	*adj.* not special or unusual; normal
☐	434	**standard**	*n.* something that is accepted as a guide or example
☐	435	**mirror**	*n.* a piece of special glass that reflects images
☐	436	**reflect**	*v.* to show the image of something; to mirror
☐	437	**exactly**	*adv.* in an exact manner; correctly
☐	438	**completely**	*adv.* totally
☐	439	**put away**	*phr.* to return (something) to its correct place
☐	440	**throw away**	*phr.* to remove something (that you do not want anymore)

DAY 23

☐	441 **personality**	n. a person's character
☐	442 **individual**	adj. relating to a single thing or person
☐	443 **crowded**	adj. having a lot of people (or too many people)
☐	444 **lonely**	adj. feeling alone
☐	445 **elderly**	adj. old
☐	446 **youth**	n. the time of life when a person is young
☐	447 **male**	n. a man or boy; a male animal
☐	448 **female**	n. a woman or girl; a female animal
☐	449 **active**	adj. full of energy
☐	450 **lively**	adj. full of life or energy
☐	451 **friendly**	adj. acting in a kind and pleasant way
☐	452 **cheerful**	adj. happy and being in a good mood
☐	453 **joyful**	adj. very happy; causing people to be happy
☐	454 **delightful**	adj. very pleasant
☐	455 **talkative**	adj. liking to talk a lot
☐	456 **silent**	adj. not speaking; not talking very much
☐	457 **though**	conj. in spite of the fact that; although
☐	458 **although**	conj. in spite of the fact that; though
☐	459 **be crowded with**	phr. to be filled with
☐	460 **even though**	phr. although; even if

DAY 24

☐	461 **creative**	*adj.*	good at thinking of new ideas (or using your imagination)
☐	462 **original**	*adj.*	relating to an origin or beginning; made first
☐	463 **imagine**	*v.*	to form a picture in your mind
☐	464 **imagination**	*n.*	the ability to form pictures in your mind
☐	465 **illustrate**	*v.*	to put pictures in a book; to draw pictures for a book
☐	466 **describe**	*v.*	to say what something is like
☐	467 **contain**	*v.*	to have (something) inside
☐	468 **include**	*v.*	to have something (as part of a group)
☐	469 **self**	*n.*	the personality that makes you different from others
☐	470 **myself**	*pron.*	the person who is speaking or writing
☐	471 **selfish**	*adj.*	caring only about yourself
☐	472 **mean**	*adj.*	not kind to people; cruel
☐	473 **proud**	*adj.*	feeling very pleased about something
☐	474 **shame**	*n.*	a bad feeling about something wrong
☐	475 **patient**	*adj.*	able to wait for a long time (without complaining)
☐	476 **impatient**	*adj.*	not patient
☐	477 **curious**	*adj.*	wanting to know or learn more about something
☐	478 **wonder**	*v.*	to want to know something
☐	479 **by oneself**	*phr.*	alone or without help
☐	480 **be proud of**	*phr.*	to be very pleased with; to feel pride in

DAY 25

☐ 481	**emotion**	*n.* a strong feeling such as joy, love, or fear
☐ 482	**complicated**	*adj.* difficult to understand; complex
☐ 483	**tear**	*n.* a drop of liquid that comes from your eyes
☐ 484	**burst**	*v.* to break apart suddenly
☐ 485	**interesting**	*adj.* attracting your attention; not boring
☐ 486	**interested**	*adj.* wanting to know more about something
☐ 487	**boring**	*adj.* not interesting or exciting
☐ 488	**bored**	*adj.* feeling tired (because something is not interesting)
☐ 489	**memory**	*n.* the ability to remember; something that is remembered
☐ 490	**miss**	*v.* to feel sad because someone is not with you
☐ 491	**fear**	*n.* a feeling of being afraid
☐ 492	**horror**	*n.* a very strong feeling of fear
☐ 493	**satisfied**	*adj.* happy with something
☐ 494	**disappointed**	*adj.* not satisfied or happy with something
☐ 495	**surprise**	*n.* an unexpected event or thing
☐ 496	**embarrass**	*v.* to make (someone) feel foolish or uncomfortable
☐ 497	**bother**	*v.* to cause problems for someone; to annoy
☐ 498	**trouble**	*n.* problems or difficulties
☐ 499	**burst into**	*phr.* to begin to do something suddenly
☐ 500	**be interested in**	*phr.* to want to learn more about something

DAY 26

☐	501 **soul**	*n.* the spiritual part of a person
☐	502 **spirit**	*n.* the part of a person that includes their mind; soul
☐	503 **remember**	*v.* to keep an image or idea (of something) in your mind
☐	504 **remind**	*v.* to help (someone) remember something
☐	505 **trust**	*v.* to believe (that someone is good)
☐	506 **doubt**	*v.* to feel that something is not true
☐	507 **pray**	*v.* to speak to God (or a god)
☐	508 **realize**	*v.* to notice or understand (something)
☐	509 **happen**	*v.* to take place; to occur
☐	510 **reason**	*n.* the facts about why something happens; a cause
☐	511 **suggest**	*v.* to propose
☐	512 **recommend**	*v.* to suggest that something would be good
☐	513 **stress**	*n.* feelings of worry (caused by difficult situations)
☐	514 **warn**	*v.* to tell someone about a danger
☐	515 **request**	*v.* to ask for something politely
☐	516 **require**	*v.* to need
☐	517 **whisper**	*v.* to speak very quietly
☐	518 **whistle**	*v.* to make a high sound by blowing air through your lips
☐	519 **come to mind**	*phr.* to appear in one's mind suddenly
☐	520 **take place**	*phr.* to occur or happen

DAY 27

☐	521	**career**	*n.* a job that someone does for a long time
☐	522	**challenge**	*n.* a difficult task or problem
☐	523	**employ**	*v.* to give someone a job
☐	524	**hire**	*v.* to employ someone (to do a particular job)
☐	525	**lawyer**	*n.* a person who advises people about laws (and speaks for them in court)
☐	526	**judge**	*n.* a person who makes judgements in court
☐	527	**court**	*n.* the place where a judge decides (whether someone is guilty or not)
☐	528	**justice**	*n.* the fair treatment of people
☐	529	**invent**	*v.* to create something for the first time
☐	530	**inventor**	*n.* a person who invents things
☐	531	**discover**	*v.* to find something for the first time
☐	532	**effort**	*n.* hard work (to do something)
☐	533	**professor**	*n.* a teacher at a college or university
☐	534	**university**	*n.* a school at the highest level, where you study for a degree
☐	535	**captain**	*n.* the person in charge of a ship or aircraft
☐	536	**coach**	*n.* a person who trains (a person or team) in sports
☐	537	**engineer**	*n.* a designer or builder of engines; a repairman
☐	538	**factory**	*n.* a building where goods are made
☐	539	**be satisfied with**	*phr.* to feel pleased with
☐	540	**at last**	*phr.* finally

DAY 28

☐	541	**technology**	n. the use of science in industry
☐	542	**perfect**	adj. complete and correct in every way
☐	543	**comfortable**	adj. making you feel relaxed
☐	544	**convenient**	adj. useful, easy, or quick to do
☐	545	**invest**	v. to use money to earn more money
☐	546	**harvest**	v. to gather (crops)
☐	547	**method**	n. a way of doing something
☐	548	**material**	n. anything used for building or making something else
☐	549	**advantage**	n. a thing that helps you be better
☐	550	**provide**	v. to supply something (to someone)
☐	551	**succeed**	v. to have a good result
☐	552	**success**	n. the achievement of what you want
☐	553	**proceed**	v. to continue as planned
☐	554	**process**	n. a series of actions (to get a result)
☐	555	**figure**	n. a number; an amount expressed in numbers
☐	556	**improve**	v. to become better; to make (something) better
☐	557	**educate**	v. to teach someone (at a school)
☐	558	**education**	n. the process of teaching and learning
☐	559	**get better**	phr. to improve
☐	560	**succeed in**	phr. to achieve a goal; to be successful in

DAY 29

☐ 561	**global**	*adj.* relating to the whole world; worldwide
☐ 562	**climate**	*n.* weather patterns; weather conditions
☐ 563	**temperature**	*n.* the degree of heat or cold in a place
☐ 564	**degree**	*n.* a unit for measuring temperature
☐ 565	**cause**	*n.* the reason why something happens, especially something bad
☐ 566	**effect**	*n.* a change or result produced by a cause
☐ 567	**flood**	*n.* a large amount of water that covers an area
☐ 568	**shelter**	*n.* protection from danger
☐ 569	**wave**	*n.* a line of water that rises from the sea
☐ 570	**cliff**	*n.* a high area of rock with a very steep side
☐ 571	**major**	*adj.* very important or serious
☐ 572	**minor**	*adj.* having little importance
☐ 573	**freeze**	*v.* to turn into ice
☐ 574	**melt**	*v.* to turn into liquid (because of heat)
☐ 575	**flow**	*v.* to move in one direction continuously
☐ 576	**float**	*v.* to move slowly on water (or in air)
☐ 577	**symbol**	*n.* a picture or shape that stands for something
☐ 578	**represent**	*v.* to stand for
☐ 579	**a few**	*phr.* a small number of something; not many
☐ 580	**a little**	*phr.* a small amount of something; not much

DAY 30

☐	581	**solar**	*adj.* relating to the sun
☐	582	**planet**	*n.* a large object in space that moves around the sun
☐	583	**Mercury**	*n.* the nearest planet to the sun
☐	584	**Venus**	*n.* the second planet from the sun
☐	585	**Earth**	*n.* the third planet from the sun; the planet that we live on
☐	586	**Mars**	*n.* the fourth planet from the sun; the Red Planet
☐	587	**Jupiter**	*n.* the largest planet in the solar system
☐	588	**Saturn**	*n.* a large planet in the solar system that has rings around it
☐	589	**Uranus**	*n.* the seventh planet from the sun
☐	590	**Neptune**	*n.* the eighth and most distant planet from the sun
☐	591	**orbit**	*v.* to move around; to circle
☐	592	**spin**	*v.* to turn around and around quickly
☐	593	**telescope**	*n.* an instrument used to make distant objects look larger
☐	594	**hole**	*n.* an empty space in an object; an opening
☐	595	**observe**	*v.* to watch closely
☐	596	**research**	*v.* to study a subject in detail
☐	597	**launch**	*v.* to send something into the sky or space; to start
☐	598	**explore**	*v.* to travel to a new place to learn about it
☐	599	**be famous for**	*phr.* to be well known for
☐	600	**be known as**	*phr.* to be called by

DAY 31

☐	601 **universe**	*n.* everything that exists in space
☐	602 **galaxy**	*n.* a large system of stars, especially in outer space
☐	603 **surface**	*n.* the outside of something
☐	604 **layer**	*n.* a part that lies over or under another
☐	605 **atmosphere**	*n.* the mixture of gases that surrounds the Earth
☐	606 **extremely**	*adv.* very
☐	607 **surround**	*v.* to be all around something
☐	608 **cover**	*v.* to put something over
☐	609 **shadow**	*n.* a dark shape that is made when light is blocked
☐	610 **block**	*v.* to stop something from passing through a place
☐	611 **possible**	*adj.* able to happen
☐	612 **impossible**	*adj.* not able to happen
☐	613 **if**	*conj.* on the condition that
☐	614 **whether**	*conj.* if (it is true that)
☐	615 **without**	*prep.* not having
☐	616 **exist**	*v.* to be real; to be present (in a place)
☐	617 **protect**	*v.* to keep (someone or something) safe
☐	618 **harm**	*v.* to hurt or damage
☐	619 **as soon as possible**	*phr.* as quickly as you can
☐	620 **as fast as you can**	*phr.* as quickly as possible

DAY 32

☐ 621	**continent**	*n.* one of the seven major areas of land on the Earth
☐ 622	**ocean**	*n.* a very large area of sea
☐ 623	**natural**	*adj.* existing in nature
☐ 624	**especially**	*adv.* particularly
☐ 625	**environment**	*n.* the air, water, and land where people, animals, and plants live
☐ 626	**pollute**	*v.* to make air, water, soil, etc. dirty or harmful
☐ 627	**root**	*n.* the part of a plant that grows under the ground
☐ 628	**branch**	*n.* a part of a tree that grows out from the main stem
☐ 629	**stem**	*n.* the long, thin part of a plant (that the leaves grow on)
☐ 630	**bark**	*n.* the outer covering of a tree
☐ 631	**lay**	*v.* to produce an egg
☐ 632	**hatch**	*v.* to come out of an egg
☐ 633	**hide**	*v.* to go to a place where you cannot be seen
☐ 634	**seek**	*v.* to search; to look for
☐ 635	**chase**	*v.* to follow; to run after
☐ 636	**cruel**	*adj.* extremely unkind; causing pain or suffering
☐ 637	**bite**	*v.* to cut something by using your teeth
☐ 638	**chew**	*v.* to bite food into small pieces in your mouth
☐ 639	**run after**	*phr.* to chase
☐ 640	**chase after**	*phr.* to run after; to follow

MEMO

MEMO

MEMO

A*List VOCA

어휘 암기장

중학 기본

DAY 01

| 001 | ready | 형 준비가 된 |
| 002 | prepare | 동 1. 준비하다, 대비하다 2. (음식을) 준비하다 |

| 003 | tip | 명 1. 정보, 조언 2. 팁, 봉사료 3. (뾰족한) 끝부분 |
| 004 | advice | 명 조언, 충고 |

| 005 | uniform | 명 제복, 교복, 유니폼 |
| 006 | supply | 명 1. 공급 2. (-s) 보급품, 준비물 동 공급하다 |

| 007 | important | 형 중요한 |
| 008 | meeting | 명 회의 |

| 009 | document | 명 1. 서류, 문서 2. (컴퓨터) 문서(파일) |
| 010 | paper | 명 1. 종이 2. (-s) 서류, 문서 3. 신문 4. 과제물, 리포트 |

| 011 | official | 형 1. 공무상의 2. 공식적인 명 (고위) 공무원, 관리 |
| 012 | sign | 동 서명하다 명 1. 표지판 2. 몸짓, 신호 3. 징조 |

| 013 | file | 명 파일, 서류철 동 (정리하여) 보관하다, 철하다 |
| 014 | copy | 명 1. 복사(본), 베끼기 2. (책 등의) 한 부 동 복사하다, 베끼다 |

| 015 | title | 명 제목, 표제 동 제목을 붙이다 |
| 016 | label | 명 라벨, 상표 동 라벨을 붙이다 |

| 017 | print | 동 1. 인쇄하다, 프린트를 하다 2. 출판하다, 발행하다 |
| 018 | mark | 동 표시하다 명 자국, 흔적 |

| 019 | prepare for[to] | ~을 준비하다, ~할 준비를 하다 |
| 020 | get ready for[to] | ~에 대한 준비를 하다, ~할 준비를 하다 |

DAY 02

021	greet	동 (~에게) 인사하다, 맞이하다
022	bow	동 (허리를 굽혀) 절하다, 인사하다 명 (고개 숙여 하는) 인사
023	name	명 이름 동 이름을 지어주다
024	nickname	명 별명, 애칭 동 별명을 붙이다
025	tease	동 1. (가볍게) 놀리다 2. (동물을) 괴롭히다
026	notice	동 알아차리다 명 1. 주의, 주목 2. 공고문 3. 통지, 예고
027	matter	명 (문제 삼을) 일, 사안 동 중요하다, 문제가 되다
028	view	명 1. 견해, 의견, 관점 2. 경치, 전망
029	attend	동 1. 참석하다 2. (~에) 다니다
030	absent	형 1. 결석한, 결근한 2. 없는, 부재의
031	attention	명 1. 주목, 주의 2. 관심, 흥미
032	focus	명 초점, 주목 동 집중하다; 집중시키다
033	repeat	동 반복하다, 되풀이하다 명 반복
034	review	동 1. 복습하다 2. 재검토하다 명 1. 평론, 비평 2. 복습
035	final	형 마지막의, 최종적인 명 1. 결승전 2. 기말 시험
036	period	명 1. 기간, 시기 2. (역사의) 시대
037	graduate	동 졸업하다 명 졸업생
038	congratulate	동 (좋은 일이 생긴 사람을) 축하하다, 기뻐하다
039	get along (with)	(~와) 잘 지내다, 사이좋게 지내다
040	make fun of	~을 놀리다

DAY 03

| 041 gallery | 명 미술관, 화랑 |
| 042 display | 동 전시하다, 보여주다 명 전시, 진열 |

| 043 collection | 명 1. 수집 2. 수집품, 소장품, 컬렉션 |
| 044 until | 전 [계속] ~까지 접 ~할 때까지 |

| 045 drawing | 명 (색칠을 하지 않은) 그림, 소묘, 데생 |
| 046 master | 명 1. 대가, 거장 2. 주인 동 숙달하다, 통달하다 |

| 047 valuable | 형 1. 소중한, 귀중한 2. 값비싼 |
| 048 various | 형 다양한, 여러 가지의 |

| 049 theater | 명 (연극·무용 등을 공연하는) 극장, 영화관 |
| 050 stage | 명 1. 무대 2. 단계, 시기 |

| 051 opera | 명 오페라, 가극 |
| 052 seat | 명 자리, 좌석 |

| 053 perform | 동 1. 공연하다 2. (일·과제 등을) 행하다, 해내다 |
| 054 awesome | 형 기막히게 좋은, 굉장한, 대단한 |

| 055 audience | 명 1. 청중, 관객 2. 시청자, 청취자 |
| 056 manner | 명 1. (-s) 예의, 매너 2. (사람의) 태도 3. (일의) 방식 |

| 057 modern | 형 1. 현대의, 현대적인 2. 최신의 |
| 058 nowadays | 부 오늘날에는, 요즘에 명 오늘날 |

| 059 on display | 전시된, 진열된 |
| 060 used to | ~하곤 했었다, ~이었다 |

DAY 04

061	comic	형 1. 웃기는 2. 코미디의, 희극의 명 만화(책)
062	character	명 1. (연극·영화 등의) 등장인물 2. 성격, 성질, 특성
063	evil	형 사악한, 악마의 명 악
064	angel	명 천사, 천사 같은 사람
065	joke	명 농담, 익살 동 농담하다
066	humor	명 유머, 익살
067	appear	동 1. 나타나다 2. 출연하다 3. ~인 것 같다
068	disappear	동 1. (시야에서) 사라지다 2. (존재가) 없어지다
069	suddenly	부 갑자기
070	regularly	부 규칙적으로, 정기적으로
071	cinema	명 1. (영) 영화관 2. 영화
072	scene	명 1. (연극·영화 등의) 장면 2. (어떤) 상황, 광경 3. (사건의) 현장
073	familiar	형 익숙한, 낯익은, 친숙한
074	well-known	형 잘 알려진, 유명한
075	poem	명 시, 운문
076	poet	명 시인
077	fantasy	명 1. 공상, 환상 2. (소설·영화 등) 공상적인 작품
078	mystery	명 수수께끼, 불가사의, 미스터리
079	be familiar with	~에 익숙하다, ~을 잘 알다
080	in fact	사실, 사실은, 실제는

DAY 05

081	**connect**	동 1. 연결하다, 잇다 2. 접속하다
082	**link**	동 연결하다, 접속하다 명 관련(성), 연결
083	**wire**	명 1. 철사 2. (전화기 등의) 선, 전선
084	**wireless**	형 무선의 명 무선 (시스템)
085	**click**	동 1. 딸깍 소리를 내다 2. 클릭하다, 누르다
086	**press**	동 누르다 명 (the -) 신문, 언론
087	**mouse**	명 1. 마우스 2. 쥐
088	**system**	명 1. 체계, 시스템 2. 제도, 체제
089	**account**	명 1. (컴퓨터) 계정 2. (은행) 계좌
090	**create**	동 창작하다, 만들다, 창조하다
091	**log**	명 1. (항해 등의) 일지 2. [컴퓨터] 로그, 경과 기록 동 일지에 기록하다
092	**enter**	동 1. 들어가다 2. 적어 넣다, 기입하다
093	**work**	동 1. (기계 등이) 작동하다 2. 효과가 있다 3. 일하다
094	**still**	부 아직도, 여전히
095	**contact**	명 연락, 접촉 동 연락하다
096	**keep**	동 1. 유지하다, ~을 계속하다 2. 간직하다, 보관하다
097	**reply**	동 대답하다, 답장을 보내다 명 대답, 응답
098	**respond**	동 1. 대답하다, 응답하다 2. 반응하다, 대응하다
099	**keep in touch (with)**	(~와) 계속 연락하다, 연락하고 지내다
100	**lose contact (with)**	(~와) 연락이 끊어지다

DAY 06

101	**machine**	명 기계, 기계 장치
102	**tool**	명 1. 도구, 연장 2. 수단, 방편
103	**monitor**	명 (TV·컴퓨터의) 화면, 모니터 동 추적 관찰하다, 모니터하다
104	**screen**	명 1. (TV·컴퓨터·영화의) 화면, 스크린 2. (the -) 영화(계)
105	**disk**	명 1. (동글납작한) 원반 2. CD 3. (컴퓨터의) 디스크
106	**store**	동 저장하다, 보관하다 명 가게
107	**post**	동 1. (웹사이트 등에) 게시하다 2. (영) (우편물을) 발송하다 명 게시글, 우편(물)
108	**load**	동 1. (짐을) 싣다 2. (프로그램 등을) 로딩하다 명 짐, 화물
109	**instant**	형 1. 즉각적인 2. 즉석의, 인스턴트의
110	**react**	동 반응하다, 반응을 보이다
111	**information**	명 정보
112	**source**	명 1. 원천, 근원 2. 출처, 정보원, 소식통
113	**search**	명 찾기, 검색 동 찾다, 수색하다
114	**access**	명 접근, 접속 동 (컴퓨터에) 접속하다, 접근하다
115	**practical**	형 1. 실용적인, 유용한 2. 현실적인
116	**useful**	형 유용한, 유익한
117	**direct**	형 직접적인 동 1. 총괄하다 2. (영화 등을) 감독[연출]하다
118	**result**	명 결과 동 (~의 결과로) 발생하다, 생기다
119	**search for**	~을 찾다
120	**result in**	(결과적으로) ~을 낳다, ~을 야기하다

DAY 07

121	social	형 1. 사회의, 사회적인 2. 사교적인
122	network	명 1. (그물처럼 얽혀 있는) 망, 관계 2. 통신망, 네트워크
123	communicate	동 의사소통을 하다, 연락을 주고받다
124	exchange	동 교환하다, 주고받다 명 교환, 거래
125	related	형 관련 있는, 서로 관련된
126	detail	명 1. 세부 사항 2. (-s) 자세한 내용[정보]
127	essay	명 1. 과제물, 리포트 2. (짧은) 글, 수필
128	dictionary	명 사전
129	apply	동 1. 지원하다, 신청하다 2. 적용하다; 적용되다
130	application	명 1. 지원서, 신청서 2. (컴퓨터) 응용 프로그램
131	powerful	형 강력한, 영향력 있는
132	impressive	형 인상적인, 감명 깊은
133	deal	동 다루다, 처리하다 명 거래, 합의
134	handle	동 1. (문제 등을) 다루다, 처리하다 2. (손으로) 만지다 명 손잡이
135	delete	동 삭제하다, 지우다
136	remove	동 1. 치우다, 옮기다 2. 제거하다, 없애다
137	diary	명 일기, 일기장
138	record	동 1. 기록하다 2. 녹음하다 명 1. 기록 2. 음반
139	be related to	~와 관련이 있다, ~와 연관되다
140	deal with	~을 다루다, ~을 처리하다

DAY 08

141	**legend**	몡 1. 전설 2. 전설적인 인물
142	**champion**	몡 챔피언, 선수권 대회 우승자
143	**online**	혱 온라인의 뷔 온라인으로
144	**electronic**	혱 1. 전자의 2. 컴퓨터로 제어되는, 인터넷을 이용한
145	**professional**	혱 1. (전문적인) 직업의 2. 프로의 몡 프로 (선수)
146	**league**	몡 (스포츠 경기의) 리그, 연맹, 동맹
147	**develop**	동 1. 개발하다 2. 성장[발달]하다; 성장[발달]시키다
148	**produce**	동 1. 생산하다, 만들어 내다 2. (결과 등을) 낳다, 초래하다
149	**basics**	몡 기본, 기초, 기본적인 것들
150	**based**	혱 1. (~에) 기반을 둔 2. [-based] (~을) 기반으로 한
151	**battle**	몡 전투, 투쟁 동 싸우다, 투쟁하다
152	**war**	몡 전쟁, 싸움
153	**enemy**	몡 1. 적, 원수 2. 적국, 적군
154	**opposite**	젠 ~ 건너편에, ~ 맞은편에 혱 1. (정)반대의 2. 맞은편의
155	**attack**	동 공격하다, 습격하다 몡 공격
156	**defend**	동 방어하다, 지키다
157	**destroy**	동 파괴하다, 파멸시키다
158	**defeat**	동 패배시키다, 물리치다
159	**be based on**	~에 기초하다, ~을 기반으로 하다
160	**according to**	~에 따르면

DAY 09

161	**community**	명 1. 공동체, 지역 사회 2. (종교·인종·직업 등이 같은) 집단, 사회
162	**neighbor**	명 이웃, 이웃 사람
163	**citizen**	명 1. 시민, 국민 2. (특정 지역의) 주민
164	**volunteer**	명 자원봉사자, 자원자 동 자원하다
165	**common**	형 1. 공통의, 공동의 2. 흔한, 평범한
166	**rare**	형 1. 드문, 보기 힘든 2. 희귀한
167	**respect**	동 존경하다, 존중하다 명 존경(심), 경의
168	**honor**	명 1. 존경, 공경 2. 명예, 영광 동 기리다
169	**treat**	동 1. 대하다, 다루다, 취급하다 2. 치료하다
170	**equally**	부 똑같이, 동등하게, 평등하게
171	**fair**	형 공평한, 공정한 명 박람회
172	**favor**	명 1. 호의, 친절 2. 부탁 3. 지지, 찬성
173	**holiday**	명 1. 공휴일 2. 휴가, 방학 3. (-s) 연말연시
174	**parade**	명 퍼레이드, 가두 행진 동 퍼레이드를 하다
175	**army**	명 군대, 육군
176	**soldier**	명 군인, 병사
177	**celebrate**	동 (행사·기념일 등을) 축하하다, 기념하다
178	**decorate**	동 장식하다, 꾸미다
179	**have ~ in common**	공통적으로 ~을 가지다, ~한 공통점이 있다
180	**in need**	어려움에 처한, 궁핍한

DAY 10

181	law	명 법, 법률
182	duty	명 1. 의무, 직무 2. (국내로 들어오는 물품에 대한) 세금
183	vote	동 투표하다 명 투표, 표결
184	right	명 1. 권리 2. 오른쪽 형 1. 옳은 2. 오른쪽의
185	president	명 1. 대통령 2. (사업체 등의) 회장, 사장
186	mayor	명 시장
187	chairman	명 1. (회의의) 의장 2. (위원회 등의) 회장, 위원장
188	chief	명 1. (단체의) 장, 우두머리 2. 추장, 족장 형 주된, 주요한
189	elect	동 (선거로) 선출하다, 선택하다
190	select	동 선택하다, 선발하다
191	lead	동 이끌다, 인도하다 명 선두
192	leader	명 지도자, 대표
193	speech	명 1. 연설, 강연 2. 말하기, 말
194	serve	동 1. (~을 위해) 일하다, 복무하다 2. (음식을) 제공하다 3. (손님을) 응대하다
195	responsible	형 1. (~을) 책임지고 있는 2. (~에 대해) 책임이 있는
196	charge	명 1. 책임, 담당 2. (상품·서비스에 대한) 요금 동 청구하다, 부과하다
197	support	동 1. 지지하다, 지원하다 2. 떠받치다, 부양하다
198	assist	동 돕다, 조력하다
199	be responsible for	~을 담당하다, ~에 대해 책임이 있다
200	be in charge of	~ 담당이다, ~을 책임지고[총괄하고] 있다

DAY 11

| 201 | transportation | 명 1. 수송, 운송 2. 교통[운송] 수단 |
| 202 | transfer | 동 1. 옮기다, 이동하다 2. 갈아타다 명 이동, 환승 |

| 203 | wheel | 명 1. 바퀴, 바퀴 모양의 것 2. (자동차의) 핸들 3. 자동차 |
| 204 | vehicle | 명 차량, 탈것 |

| 205 | public | 형 1. 대중의 2. 공공의, 공립의 명 (the -) 일반 사람들, 대중 |
| 206 | private | 형 1. 사적인, 개인의 2. 사립의 |

| 207 | goods | 명 상품, 제품, 물품 |
| 208 | take | 동 1. (시간이) 걸리다 2. (탈것을) 타다 3. 가지고 가다 |

| 209 | deliver | 동 배달하다 |
| 210 | delivery | 명 배달, 인도 |

| 211 | traffic | 명 (도로의) 차량들, 교통(량) |
| 212 | highway | 명 고속도로 |

| 213 | speed | 명 속도 동 1. 빨리 가다 2. 속도 위반을 하다 |
| 214 | limit | 명 한도, 제한 동 제한하다 |

| 215 | license | 명 면허, 자격증 동 (공적으로) 허가하다 |
| 216 | fee | 명 1. (전문적인 서비스에 대한) 수수료 2. 공공 요금, 회비 |

| 217 | accident | 명 1. 사고 2. 우연, 우연한 일 |
| 218 | ambulance | 명 구급차, 앰뷸런스 |

| 219 | get on[off] | (버스·기차·비행기 등)을 타다[내리다] |
| 220 | for free | 무료로 |

DAY 12

221	**north**	몡 북쪽 휑 북쪽의 튀 북쪽으로
222	**south**	몡 남쪽 휑 남쪽의 튀 남쪽으로
223	**east**	몡 동쪽 휑 동쪽의 튀 동쪽으로
224	**west**	몡 서쪽 휑 서쪽의 튀 서쪽으로
225	**direction**	몡 1. 방향 2. (-s) 지시, 명령 3. 지휘, 감독
226	**anywhere**	튀 1. [긍정문] 어디든지 2. [의문문] 어딘가에 3. [부정문] 아무 데도
227	**toward**	전 ~ 쪽으로, ~을 향하여
228	**face**	동 1. ~을 향하다 2. (~에) 직면하다 몡 얼굴
229	**locate**	동 1. (위치를) 찾아내다, 알아내다 2. (특정 위치에) 두다
230	**location**	몡 위치, 소재, 장소
231	**divide**	동 1. 나누다, 쪼개다; 나뉘다 2. (몫을) 분배하다
232	**sort**	몡 종류, 유형 동 분류하다
233	**through**	전 1. ~을 통해[통과하여] 2. ~을 지나서[거쳐]
234	**countryside**	몡 시골 지역, 전원 지대
235	**path**	몡 1. (작은) 길, 오솔길, 산책로 2. 경로, 방향
236	**track**	몡 1. (밟아서 생긴) 길 2. (-s) 발자국 3. (기차) 선로 동 추적하다
237	**route**	몡 1. (따라가는) 길, 경로, 루트 2. (버스·기차 등의) 노선
238	**lane**	몡 1. 도로, 길 2. 차선
239	**stand for**	~을 상징하다, ~을 의미하다[나타내다]
240	**such as**	(예를 들어) ~와 같은

DAY 13

241	tour	명 관광 (여행) 동 순회하다, 관광하다
242	journey	명 (장거리) 여행, 여정 동 (장거리를) 여행하다
243	foreign	형 외국의
244	local	형 (특정) 지역의, 현지의
245	flight	명 1. 비행기 여행, 비행 2. 항공편, 항공기
246	airline	명 항공사
247	book	동 예약하다, (표를) 예매하다 명 책
248	reserve	동 1. 예약하다 2. (따로) 남겨 두다
249	cancel	동 취소하다
250	delay	동 지연시키다; 지체하다 명 지연, 지체
251	port	명 항구 (도시), 항만, 무역항
252	passport	명 여권
253	board	동 1. 승선하다, 탑승하다 2. (비행기·배가) 탑승에 들어가다
254	depart	동 떠나다, 출발하다
255	arrive	동 도착하다
256	reach	동 1. (~에) 이르다, 도착하다 2. (손이) 닿다
257	finally	부 1. 드디어, 마침내 2. 끝으로, 마지막으로
258	land	동 착륙하다, 상륙하다 명 육지, 땅
259	be going to	~할 예정이다, ~하려고 하다
260	get to	~에 도착하다, ~에 도달하다

DAY 14

261	**state**	명 1. 국가, 나라 2. (미국 등의) 주(州) 3. 상태
262	**capital**	명 1. 수도, 중심지 2. 자본금 3. (알파벳의) 대문자
263	**peaceful**	형 평화로운, 평화적인
264	**region**	명 지방, 지역
265	**entire**	형 전체의, 온
266	**whole**	형 전체의, 모든, 온전한
267	**native**	형 출생지의, 토박이의 명 (~에서) 태어난 사람, 원주민
268	**tradition**	명 전통
269	**background**	명 1. (사람의) 배경 2. (일의) 배경, 배후 사정 3. (사진 등의) 배경
270	**knowledge**	명 1. 지식 2. 인식, 이해
271	**adventure**	명 모험, 모험심
272	**coast**	명 해안, 연안
273	**expect**	동 1. 기대하다, 예상하다 2. (예정되어 있는 것을) 기다리다
274	**experience**	동 경험하다, 겪다 명 경험, 체험
275	**rail**	명 1. (철도의) 레일 2. 기차, 철도 3. 난간
276	**station**	명 1. (기차)역 2. (버스) 정거장 3. (특정한) 장소, 건물
277	**bump**	동 (~에 쾅) 부딪치다, (~을) 들이받다
278	**crash**	동 충돌하다, 추락하다 명 (자동차의) 충돌, (비행기의) 추락 사고
279	**stop by**	(지나는 길에) 잠시 들르다
280	**bump into**	~와 우연히 마주치다

DAY 15

281 **product** 명 생산물, 상품, 제품

282 **item** 명 1. 물품, 품목 2. (목록의) 항목

283 **sale** 명 1. 판매 2. 세일, 할인 판매

284 **discount** 명 할인 동 할인하다

285 **price** 명 값, 가격 동 ~에 값을 매기다

286 **purchase** 명 구입, 구매 동 구입하다, 구매하다

287 **expensive** 형 비싼, 돈이 많이 드는

288 **cheap** 형 싼, 돈이 적게 드는

289 **average** 형 1. 평균의 2. 보통의, 평범한 명 평균

290 **normal** 형 보통의, 평범한, 정상적인 명 보통, 정상

291 **tax** 명 세금 동 세금을 부과하다

292 **choice** 명 선택, 선택권

293 **spend** 동 1. (돈을) 쓰다, 소비하다 2. (시간을) 보내다

294 **consume** 동 1. (시간·돈·연료 등을) 소비하다, 소모하다 2. 먹다, 마시다

295 **earn** 동 (돈을) 벌다

296 **get** 동 1. 얻다, 입수하다 2. 받다, 벌다

297 **annual** 형 매년의, 연간의

298 **salary** 명 (매달 지급되는) 급여, 봉급, 월급

299 **get a discount** 할인을 받다

300 **get paid** 급여를 받다

DAY 16

301	income	명	소득, 수입
302	expense	명	비용, 지출
303	budget	명	예산, (지출 예상) 비용
304	debt	명	빚, 부채
305	offer	동 1. 제안하다 2. 제공하다 명 제안, 제의	
306	accept	동	받아들이다, 수락하다
307	increase	동 증가하다, 인상되다; 인상하다 명 증가, 인상	
308	decrease	동 줄다; 줄이다 명 감소, 하락	
309	grocery	명 1. (-ies) 식료품 2. 식료품점	
310	counter	명	계산대, 판매대
311	cashier	명	(호텔·상점 등의) 출납계, 계산원
312	clerk	명	점원, 직원
313	receipt	명	영수증
314	bill	명 1. 고지서, 청구서 2. (영) (식당의) 계산서 3. 지폐	
315	compare	동 1. 비교하다 2. 비유하다	
316	complain	동	불평하다, 항의하다
317	return	동 1. 돌아오다[가다] 2. 반납하다 명 1. 돌아옴 2. 반납	
318	refund	동 환불하다, 반환하다 명 환불(금)	
319	on one's way (to)	(~로) 가는 길에, 도중에	
320	in return (for)	(~에 대한) 답례로, 보답으로	

DAY 17

321	**life**	명 1. 인생, 삶 2. 생명, 목숨
322	**cycle**	명 1. 순환, 주기 2. 자전거
323	**born**	동 (be born) 태어나다 형 타고난, 천부적인
324	**die**	동 1. 죽다 2. 사라지다, 없어지다
325	**continue**	동 (쉬지 않고) 계속하다; 계속되다
326	**last**	동 (특정 시간 동안) 계속되다, 지속되다 형 마지막의, 지난
327	**raise**	동 1. 키우다, 기르다 2. (들어) 올리다 3. 인상하다
328	**manage**	동 1. 간신히 해내다 2. 경영하다, 관리하다
329	**own**	동 소유하다 형 (소유격 뒤에서) ~ 자신의
330	**belong**	동 1. (~에) 속하다, (~의) 소유이다 2. 제자리에 있다
331	**explain**	동 1. 설명하다 2. 이유를 대다, 해명하다
332	**express**	동 (감정·의견 등을) 표현하다, 나타내다
333	**excuse**	동 1. 용서하다, 봐주다 2. 변명하다 명 변명, 핑계
334	**pardon**	동 용서하다, 눈감아주다 명 용서; (죄인에 대한) 사면
335	**forgive**	동 용서하다, 너그러이 봐주다
336	**able**	형 1. ~할 수 있는 2. 재능 있는, 능력 있는
337	**smoke**	명 연기 동 담배를 피우다, 흡연하다
338	**allow**	동 허락하다, 허용하다
339	**be able to**	~할 수 있다
340	**be about to**	막 ~하려고 하다, 막 ~하려는 참이다

DAY 18

341	**sick**	형 1. 아픈, 병든 2. (속이) 메스꺼운 3. (~이) 지긋지긋한
342	**ill**	형 병든, 건강이 나쁜 부 나쁘게, 가혹하게
343	**fever**	명 1. 열, 열병 2. 흥분 (상태), 열기
344	**cough**	명 기침 동 기침하다
345	**pain**	명 고통, 통증 동 고통스럽게 하다
346	**ache**	명 (계속적인) 아픔, 통증 동 아프다, 쑤시다
347	**headache**	명 1. 두통 2. 골칫거리
348	**stomach**	명 위, 복부, 배
349	**sore**	형 (염증 등으로) 아픈, 따가운
350	**throat**	명 목구멍, 목
351	**health**	명 건강, 건강한 상태
352	**disease**	명 병, 질병
353	**medicine**	명 1. 약, 내복약 2. 의학, 의술
354	**drug**	명 1. 약, 의약품 2. (불법적인) 약물, 마약
355	**suffer**	동 1. (질병 등에) 시달리다, 고통받다 2. (고통 등을) 겪다
356	**cure**	동 치료하다, 치유하다 명 치료, 치료법
357	**brain**	명 1. 뇌 2. (-s) 머리, 지능
358	**blood**	명 피, 혈액
359	**sick of / sick and tired of**	~에 지친[질린] / ~이 지긋지긋한[넌더리 나는]
360	**have a cold / catch a cold**	감기에 걸리다 (걸려 있는 상태) / 감기에 걸리다 (걸리는 상황)

DAY 19

361	ceiling	명 천장
362	shelf	명 선반, 책꽂이, (책장의) 칸
363	frame	명 1. 틀, 테두리 2. 뼈대, 골조 동 틀[액자]에 넣다
364	edge	명 1. 가장자리, 모서리 2. (칼 등의) 날
365	strike	동 치다, 때리다 명 파업
366	bend	동 1. 구부리다; 구부러지다 2. (몸을) 굽히다, 숙이다
367	repair	동 수리하다, 수선하다 명 수리, 보수
368	fix	동 1. 수리하다, 고치다 2. 고정시키다 3. (날짜 등을) 정하다
369	toilet	명 1. 화장실 변기 2. (영) (집 안의) 화장실, 공중 화장실
370	restroom	명 (미) (식당·극장 등 공공장소의) 화장실
371	vacuum	명 1. 진공 2. 진공청소기 동 진공청소기로 청소하다
372	automatic	형 1. 자동의 2. 기계적인, 무의식적인
373	dust	명 먼지, 흙먼지 동 먼지를 털다
374	sweep	동 1. (빗자루 등으로) 쓸다 2. (비바람 등이) 휩쓸고 가다
375	wipe	동 (먼지·물기 등을) 닦다, 훔치다
376	rub	동 문지르다, 문질러 닦다, 비비다
377	fill	동 1. (가득) 채우다; 채워지다 2. (구멍 등을) 메우다
378	empty	형 비어 있는 동 비우다
379	be filled with	~로 가득 차다, ~로 채워지다
380	take out	1. 꺼내다, (밖으로) 내놓다 2. 데리고 가다, 가져가다

DAY 20

381	**loose**	형 1. (옷이) 헐렁한 2. 헐거운, 느슨한
382	**tight**	형 1. (옷이) 꽉 끼는 2. 꽉 조여 있는 부 단단히, 꽉
383	**fit**	동 1. 꼭 맞다 2. 적합하다, 어울리다 형 (몸이) 건강한
384	**suit**	동 어울리다, 알맞다 명 정장
385	**button**	명 단추, 버튼 동 단추를 잠그다
386	**belt**	명 벨트, 허리띠 동 벨트를 매다
387	**wool**	명 양털, 양모, 모직
388	**pocket**	명 (호)주머니, 포켓
389	**sheet**	명 1. 시트 (침대 위에 깔거나 덮는 천) 2. (종이·얇은 판 등의) 한 장
390	**blanket**	명 담요 동 (완전히) 뒤덮다
391	**laundry**	명 1. 세탁물 2. 세탁, 세탁일
392	**hang**	동 걸다, 매달다; 걸리다, 매달리다
393	**iron**	명 1. 철, 쇠 2. 다리미 동 다리미질을 하다
394	**fold**	동 (종이·천 등을) 접다, 개다
395	**even**	부 1. ~조차, ~도 2. [비교급 강조] 훨씬, 더욱
396	**worse**	형 더 나쁜, 더 심한
397	**rest**	동 쉬다, 휴식하다 명 1. 휴식 2. (어떤 것의) 나머지
398	**relax**	동 1. 느긋이 쉬다, 휴식을 취하다 2. 긴장을 풀다
399	**hang out (with)**	(~와) 놀다, 어울리다, 많은 시간을 보내다
400	**the rest of**	~의 나머지, 나머지의 ~

DAY 21

401	giant	형 거대한, 위대한 명 거인
402	enormous	형 거대한, 막대한
403	wide	형 1. (폭이) 넓은 2. 폭이 ~인 3. (범위가) 넓은
404	broad	형 1. (폭이) 넓은, 드넓은 2. 폭넓은, 다양한
405	narrow	형 1. (폭이) 좁은, 가는 2. (범위가) 좁은 3. 간신히 이룬
406	shallow	형 1. 얕은 2. 얄팍한, 피상적인
407	similar	형 비슷한, 유사한, 닮은
408	alike	형 비슷한, 닮은
409	curly	형 곱슬곱슬한, 곱슬머리의
410	straight	형 곧은, 똑바른 부 똑바로, 일직선으로
411	blonde	형 금발인 명 금발 머리 여자
412	seem	동 ~처럼 보이다, ~인 것 같다
413	weigh	동 1. 무게[체중]가 ~이다 2. 무게[체중]를 달다
414	weight	명 1. 무게, 체중 2. (역도의) 웨이트, 역기
415	measure	동 재다, 측정하다 명 조치, 정책
416	height	명 1. 키, 높이 2. (지상으로부터의) 높이, 고도
417	scale	명 1. 저울 2. 규모, 범위
418	balance	명 1. 균형, 조화 2. 천칭 저울 동 균형을 유지하다
419	be similar to	~와 비슷하다, ~와 닮았다
420	seem to	~인 것 같다

DAY 22

421	beauty	명 1. 아름다움, 미 2. 미인 3. (the -) 장점, 매력
422	beast	명 짐승, 야수
423	gorgeous	형 아주 멋진, 화려한
424	fantastic	형 기가 막히게 좋은, 환상적인
425	attractive	형 매력적인, 마음을 끄는, 매혹적인
426	charming	형 매력적인, 멋진
427	spot	명 1. 점, 얼룩 2. (특정한) 곳, 장소 동 발견하다, 찾다
428	beard	명 턱수염
429	neat	형 1. 단정한, 깔끔한 2. 뛰어난, 멋진
430	tidy	형 깔끔한, 잘 정돈된
431	terrible	형 1. 끔찍한, 심한 2. 형편없는
432	awful	형 끔찍한, 지독한
433	ordinary	형 보통의, 일상적인, 평범한
434	standard	명 표준, 기준 형 표준의, 일반적인
435	mirror	명 거울 동 (거울처럼) 비추다, 반영하다
436	reflect	동 비추다, 반영하다, 반사하다
437	exactly	부 정확히, 꼭, 틀림없이
438	completely	부 완전히, 전적으로
439	put away	치우다, 정리하다, 제자리에 두다
440	throw away	(쓸모없는 것을) 버리다

DAY 23

441	**personality**	명 1. 성격, 인격 2. 특성, 개성
442	**individual**	형 1. 각각의 2. 개인의 명 개인
443	**crowded**	형 1. 붐비는, 혼잡한 2. ~이 가득한
444	**lonely**	형 외로운, 쓸쓸한
445	**elderly**	형 나이가 지긋한, 연세 드신 명 (the -) 어르신들
446	**youth**	명 1. 젊음, 청춘 2. (the -) 젊은이들, 청년들
447	**male**	명 남성, 수컷 형 남성의, 수컷의
448	**female**	명 여성, 암컷 형 여성의, 암컷의
449	**active**	형 활동적인, 적극적인
450	**lively**	형 활기[생기] 넘치는, 활발한
451	**friendly**	형 1. 친절한, 우호적인 2. ~하기 편한, ~ 친화적인
452	**cheerful**	형 명랑한, 쾌활한
453	**joyful**	형 아주 기뻐하는; 기쁜, 즐거운
454	**delightful**	형 즐거운, 유쾌한, 기분 좋은
455	**talkative**	형 말하기를 좋아하는, 수다스러운
456	**silent**	형 1. 말을 안 하는, 무언의 2. 조용한
457	**though**	접 ~이긴 하지만, ~에도 불구하고 부 (문장 끝에 와서) 하지만
458	**although**	접 ~이긴 하지만, ~에도 불구하고
459	**be crowded with**	~로 붐비다, ~로 꽉 차다
460	**even though**	비록 ~일지라도, ~에도 불구하고

DAY 24

461	creative	형 1. 창의적인, 창조적인 2. 창의력이 있는
462	original	형 원래의, 독창적인 명 원본
463	imagine	동 1. 상상하다, (마음속으로) 그리다 2. ~라고 생각하다
464	imagination	명 상상력, 상상
465	illustrate	동 1. 삽화를 넣다 2. 설명하다, 예시하다
466	describe	동 말하다, 묘사하다, 서술하다
467	contain	동 (~이) 들어 있다, (~을) 담고 있다
468	include	동 포함하다, 포함시키다
469	self	명 1. 자기 자신, 자아 2. 본성, 본모습
470	myself	대 나 자신, 나 스스로
471	selfish	형 이기적인, 자기 본위의
472	mean	형 못된, 심술궂은 동 1. 의미하다 2. 의도하다
473	proud	형 1. 자랑스러운, 자랑스러워하는 2. 거만한
474	shame	명 1. 부끄러움, 수치심 2. 안타까운[유감스러운] 일
475	patient	형 참을성 있는, 인내심 있는 명 환자
476	impatient	형 1. 참을성이 없는 2. (~하고 싶어서) 안달하는
477	curious	형 호기심이 많은, 궁금한
478	wonder	동 궁금하다, 궁금해하다 명 놀라움, 경탄
479	by oneself	혼자서, 혼자 힘으로
480	be proud of	~을 자랑스러워하다

DAY 25

481	emotion	명 감정, 정서
482	complicated	형 복잡한, 알기 어려운
483	tear	명 눈물, 울음 동 찢다; 찢어지다
484	burst	동 1. 터지다; 터뜨리다 2. 불쑥 가다[오다]
485	interesting	형 흥미로운, 재미있는
486	interested	형 흥미가 있는, 관심[재미] 있어 하는
487	boring	형 재미없는, 지루한, 따분한
488	bored	형 지루해하는, 따분해하는
489	memory	명 1. 기억, 기억력 2. 추억
490	miss	동 1. 그리워하다 2. 놓치다, 빗나가다
491	fear	명 두려움, 공포 동 두려워하다, 무서워하다
492	horror	명 1. 공포, 공포감 2. ~의 참상
493	satisfied	형 만족한, 만족해하는
494	disappointed	형 실망한, 낙담한
495	surprise	명 놀라운 일 동 놀라게 하다
496	embarrass	동 당황스럽게 만들다, 창피하게 하다
497	bother	동 1. 괴롭히다, 귀찮게 하다 2. 신경 쓰다; 신경 쓰이게 하다
498	trouble	명 어려움, 문제, 골칫거리 동 괴롭히다
499	burst into	(갑자기) ~하기 시작하다, ~을 터뜨리다
500	be interested in	~에 관심이 있다, ~에 흥미가 있다

DAY 26

501	**soul**	명 1. 영혼, 혼 2. 정신, 마음
502	**spirit**	명 1. 정신 2. (-s) 기분, 마음 상태 3. 영혼
503	**remember**	동 기억하다, 기억나다
504	**remind**	동 상기시키다, 생각나게 하다
505	**trust**	동 신뢰하다, 믿다 명 신뢰, 신임
506	**doubt**	동 의심하다 명 의심, 의혹
507	**pray**	동 기도하다, 빌다
508	**realize**	동 1. 깨닫다, 알아차리다 2. (목표 등을) 실현하다
509	**happen**	동 1. (일이) 일어나다, 발생하다 2. 우연히 ~하다
510	**reason**	명 1. 이유, 원인 2. 이성, 제정신
511	**suggest**	동 1. 제안하다 2. 추천하다 3. 암시하다
512	**recommend**	동 1. 추천하다 2. 권고하다
513	**stress**	명 스트레스, 압박 동 강조하다
514	**warn**	동 경고하다, 주의를 주다
515	**request**	동 요청하다, 부탁하다 명 요청, 부탁
516	**require**	동 1. 필요로 하다 2. (법·규칙 등으로) 요구하다
517	**whisper**	동 속삭이다, 소곤거리다 명 속삭임
518	**whistle**	동 1. 휘파람을 불다 2. 호각을 불다 명 휘파람 (소리); 호각 (소리)
519	**come to mind**	(문득) 생각이 떠오르다, 생각나다
520	**take place**	개최되다, 열리다, 일어나다

DAY 27

521	career	명 1. (전문적인) 직업 2. 경력, 이력, 커리어
522	challenge	명 1. 도전 2. 도전적인 일, 난제 동 도전하다
523	employ	동 (사람을) 고용하다
524	hire	동 1. (사람을) 고용하다 2. (특정 기간 동안 사람을) 쓰다
525	lawyer	명 변호사
526	judge	명 1. 판사 2. 심사위원 동 판단하다, 평가하다
527	court	명 1. 법정, 법원 2. (테니스 등의) 경기장
528	justice	명 1. 정의, 공정 2. 사법, 재판
529	invent	동 발명하다
530	inventor	명 발명가, 창안자
531	discover	동 발견하다
532	effort	명 노력, 수고
533	professor	명 (대학의) 교수
534	university	명 (종합) 대학교
535	captain	명 1. 선장, (항공기의) 기장 2. (팀의) 주장
536	coach	명 (스포츠 팀의) 코치 동 코치하다, 지도하다
537	engineer	명 기사, 기술자, 엔지니어
538	factory	명 공장
539	be satisfied with	~에 만족하다
540	at last	마침내

DAY 28

541	**technology**	명 1. (과학) 기술 2. 기계, 장비
542	**perfect**	형 완벽한, 완전한
543	**comfortable**	형 편안한, 안락한
544	**convenient**	형 편리한, 간편한
545	**invest**	동 (돈·시간·노력 등을) 투자하다
546	**harvest**	동 수확하다, 추수하다 명 수확, 추수
547	**method**	명 (체계적인) 방법, 방식
548	**material**	명 1. 재료 2. 자료 형 물질적인
549	**advantage**	명 유리한 점, 이점, 장점
550	**provide**	동 제공하다, 공급하다
551	**succeed**	동 1. 성공하다 2. 뒤를 잇다, 계승하다
552	**success**	명 성공, 성과
553	**proceed**	동 1. (계속) 진행하다; 진행되다 2. (특정 방향으로) 나아가다
554	**process**	명 과정, 절차 동 1. (식품 등을) 가공하다 2. (서류 등을) 처리하다
555	**figure**	명 1. 수치 2. 숫자 3. (중요한) 인물
556	**improve**	동 개선되다, 나아지다; 개선하다
557	**educate**	동 교육하다
558	**education**	명 교육
559	**get better**	더 나아지다, 더 좋아지다
560	**succeed in**	~에 성공하다

DAY 29

561	**global**	형 세계적인, 지구의
562	**climate**	명 기후

563	**temperature**	명 1. 온도, 기온 2. 체온
564	**degree**	명 1. (온도·각도의) 도 2. 정도, 범위

565	**cause**	명 원인 동 ~의 원인이 되다, ~을 야기하다
566	**effect**	명 영향, 결과, 효과

567	**flood**	명 홍수 동 물에 잠기다, 범람하다
568	**shelter**	명 1. 피난, 대피 2. 대피소 3. 보호소

569	**wave**	명 파도, 물결 동 손을 흔들다
570	**cliff**	명 절벽, 벼랑

571	**major**	형 주요한, 중대한 명 (대학의) 전공 동 (~ in) 전공하다
572	**minor**	형 작은, 중요하지 않은 명 (대학의) 부전공 동 (~ in) 부전공을 하다

573	**freeze**	동 1. 얼다; 얼리다 2. (추워서) 몸이 꽁꽁 얼다
574	**melt**	동 녹다; 녹이다

575	**flow**	동 흐르다, 흘러가다 명 흐름
576	**float**	동 1. 뜨다, 떠오르다 2. 흘러가다

577	**symbol**	명 상징, 기호
578	**represent**	동 1. 나타내다, 상징하다 2. 대표하다

579	**a few**	(수가) 조금 있는, 몇몇의, 몇 개의
580	**a little**	(양이) 약간 있는, 약간의, 조금의

DAY 30

581	solar	형 1. 태양의 2. 태양열을 이용한
582	planet	명 행성
583	Mercury	명 수성
584	Venus	명 1. 금성 2. 비너스 (로마 신화의 미의 여신)
585	Earth	명 1. 지구 2. (earth) 땅, 지면
586	Mars	명 1. 화성 2. 마르스 (로마 신화의 전쟁의 신)
587	Jupiter	명 목성
588	Saturn	명 토성
589	Uranus	명 천왕성
590	Neptune	명 해왕성
591	orbit	동 (~의 주위를) 궤도를 그리며 돌다 명 궤도
592	spin	동 (빙빙) 돌다, 회전하다; 돌리다 명 회전, 돌기
593	telescope	명 망원경
594	hole	명 구멍, 구덩이
595	observe	동 1. 관찰하다, 관측하다 2. (규칙 등을) 준수하다
596	research	동 연구하다, 조사하다 명 연구, 조사
597	launch	동 1. (로켓 등을) 발사하다 2. (상품을) 출시하다 명 발사, 개시
598	explore	동 탐험하다, 탐사하다
599	be famous for	~로 유명하다
600	be known as	~로 알려져 있다 (별칭·별명·자격 등)

DAY 31

601	universe	몡 (the -) 우주, 은하계, 삼라만상
602	galaxy	몡 1. 은하계 2. (the G-) 은하수
603	surface	몡 표면, 겉
604	layer	몡 층, 겹, 막
605	atmosphere	몡 1. (지구의) 대기, (특정 장소의) 공기 2. 분위기
606	extremely	븟 극도로, 극히, 매우
607	surround	동 둘러싸다, 에워싸다
608	cover	동 1. 덮다, 씌우다 2. 다루다, 포함시키다 3. 감추다, 숨기다
609	shadow	몡 1. 그림자 2. 어둠, 그늘
610	block	동 막다, 차단하다 몡 1. 사각형 덩어리 2. 구역
611	possible	혱 가능한, 있을 수 있는
612	impossible	혱 불가능한, 있을 수 없는
613	if	젭 1. (만약) ~라면 2. ~인지 (아닌지)
614	whether	젭 1. ~인지 (아닌지) 2. ~이든 (아니든)
615	without	젠 1. ~ 없이 2. ~이 없으면
616	exist	동 존재하다, 실재하다
617	protect	동 보호하다, 지키다
618	harm	동 해치다, 손상시키다 몡 해, 손해
619	as soon as possible	가능한 한 빨리
620	as fast as you can	할 수 있는 한 빨리, 최대한 빨리

DAY 32

621	continent	명 대륙
622	ocean	명 대양, 바다
623	natural	형 1. 자연의 2. 자연스러운, 당연한 3. 타고난
624	especially	부 1. 특히 2. 특별히
625	environment	명 1. (the -) 자연 환경 2. (주변의) 환경
626	pollute	동 오염시키다, 더럽히다
627	root	명 1. (식물의) 뿌리 2. 기원, 뿌리 3. (문제의) 근원
628	branch	명 1. 나뭇가지 2. 지사, 분점
629	stem	명 1. (식물의) 줄기, 대 2. (가늘고 긴) 손잡이 부분
630	bark	명 1. 나무껍질 2. (개 등이) 짖는 소리 동 (개가) 짖다
631	lay	동 1. (알을) 낳다 2. (살며시) 놓다, 두다 3. (바닥에) 깔다
632	hatch	동 (알 등이) 부화하다; 부화시키다
633	hide	동 1. 숨다 2. 감추다, 숨기다
634	seek	동 1. 찾다 2. 구하다, 청하다
635	chase	동 뒤쫓다, 추격하다 명 추적, 추격
636	cruel	형 잔인한, 잔혹한
637	bite	동 1. (이빨로) 물다 2. (곤충·뱀 등이) 물다 명 한 입(의 음식)
638	chew	동 1. (음식을) 씹다 2. (계속) 물어뜯다
639	run after	~을 따라가다, ~을 뒤쫓다, ~을 쫓아다니다
640	chase after	~을 뒤쫓다, ~을 좇다[추구하다]

MEMO

MEMO

MEMO